◆ 全家赴内蒙古昭乌达盟敖汉旗插队落户前合影（1969年，沈阳八一公园）

◆长子彭延、次子未眠摄于上海虹口公园鲁迅塑像前（1963年1月）

◆作者自画全家四口插队落户内蒙古敖汉旗时在农村的住处

◆ 作者夫妇在鄱阳中学校园中彭涛塑像前合影（2003年）

2

鲁迅：诗歌与少年

彭定安文集

彭定安／著

东北大学出版社
·沈阳·

图书在版编目（CIP）数据

彭定安文集.2，鲁迅：诗歌与少年 / 彭定安著
. -- 沈阳：东北大学出版社，2021.8
　　ISBN 978-7-5517-2346-6

　　Ⅰ．①彭… Ⅱ．①彭… Ⅲ．①社会科学—文集②鲁迅
诗歌—诗歌研究③鲁迅（1881-1936）—人物研究 Ⅳ.
①C53②I210.5③K825.6

中国版本图书馆CIP数据核字（2020）第030460号

出 版 者：东北大学出版社
　　　　　地址：沈阳市和平区文化路三号巷11号
　　　　　邮编：110819
　　　　　电话：024-83680267（社务部） 83687331（营销部）
　　　　　传真：024-83683655（总编室） 83680180（营销部）
　　　　　网址：http://www.neupress.com
　　　　　E-mail:neuph@neupress.com
印 刷 者：辽宁一诺广告印务有限公司
发 行 者：东北大学出版社
幅面尺寸：170 mm × 240 mm
插　　页：4
印　　张：10
字　　数：159千字
出版时间：2021年8月第1版
印刷时间：2021年8月第1次印刷

责任编辑：李　佳
责任校对：刘　泉
封面设计：潘正一
责任出版：唐敏志

ISBN 978-7-5517-2346-6　　　　　　　　　　　　　　定价：46.00元

出版说明

　　本卷收录了《鲁迅诗选释》和《在世界的海边——鲁迅的少年时代》两本书。关于这两本书的撰写与出版，兹作一点历史陈迹的说明。

　　第一本关于鲁迅诗的书，是在艰困生活中撰写的。那是20世纪70年代中期，我还在那插队十个年头的内蒙古敖汉旗工作。我们全家四口，于1969年岁末，冒着寒冬风雪，越过大青山，到敖汉旗牛古吐公社千营子大队丁家沟插队。我在这个躲在深深的山沟里荒僻的半沙漠地带的农村，像农民一样干了三年活，1972年按照当时上级"改行分配，就地消化"的政策，被分配到旗种子站工作。后种子站归旗农业局管辖，我又转到农业局工作。农业局每年春夏秋冬四季，周游全旗24个公社，进行"拉练"，检查农业生产。每逢冬春两季我随行"拉练"时，因为晕车，只能顶风冒雪，站在敞篷汽车的前面，经受狂风、雨雪、沙尘的袭击与摧折。为了减轻身体尤其是精神的负担，我便在颠簸中默诵鲁迅的诗，以为排遣。（我在"净身出户"下乡插队时，全部藏书都廉价处理了，只留有马克思恩格斯著作、《毛泽东选集》和《鲁迅全集》。这部《鲁迅全集》便成为我当时身心的绿洲、精神的亮光、心灵的依托。）久之，就在每背诵一首诗之后，又默默在心里注释、解读，还将之译为白话。后来我想，不如就把这些心中的默念记录下来吧；而且，当时毛泽东主席提出要"读点鲁迅"，群众也需要这种通俗的著述。于是，我到达公社或大队的驻地后，在电灯下——多数时候是在油灯下，把默念的内容记录下来。积以岁月，竟完成一本书，我命名《鲁迅诗注解、释读与翻译》。恰逢当时出版社响应"读点鲁迅"的号召，出版这方面的著作。于是，我便将它奉寄辽宁省出版机构，并表明，由于我自身的情况，不用署名、不取稿费或其他报酬。但是，书稿寄出后杳无信，如石沉海底。

1978年，我回到沈阳，恢复工作。我去出版社询问这本书的下落，然而毫无结果。我只好凭着记忆和部分凌乱的草稿，重新整理、撰写成书，交给辽宁人民出版社。他们接受了，责任编辑沈国经同志建议删去译文、删去部分诗作，书名改为《鲁迅诗选释》。我同意这个建议，并按照编辑的意见作了删削和修订。此书于1979年春问世。这是我从20世纪50年代研习鲁迅作品以来，出版的第一本著述；也是我在"十年荒僻弃置身"之后回到工作岗位，出版的第一本书，故称它为"春天的第一只燕子"。我很感谢沈国经同志热诚而认真的态度和编辑作风。以后，我的《鲁迅杂文学概论》也是由他担任责任编辑。他同样认真负责，热情友好。这是值得怀念和感谢的。

第二本书，则是起草于20世纪60年代，属于必须秘密进行的"业余写作"，是一本比较简单和粗糙的草稿。1978年回城后，我又加以增补与修订而成书稿，后由辽宁少年儿童出版社出版。在出版过程中得到辽宁少年儿童出版社总编辑方泗潮同志的大力支持，他亲自担任责任编辑，使之问世。这也是值得怀念和感谢的。

写下这点回忆，不仅透露了我的学术研究道途上的艰难险阻，而且反映一点已成过往历史的状态和文化的生态。抚今思昔，更加爱惜今天所能拥有的。

彭定安

2021年8月

目录

CONTENTS

下部　在世界的海边——鲁迅的少年时代

上部
鲁迅诗选释

林中的响箭，东方的微光（代序）

——学习鲁迅的旧体诗

PREFACE

鲁迅说过，自己"不喜欢做古诗"。许广平说，鲁迅对于旧体诗"虽工而不喜作"。因此，鲁迅的旧体诗在数量上是不算多的，在他的浩瀚的著译中比例更小。现在收集到的，共有48题63首（残章断句不在内，其中有两首是近年发现的）。写作时间是从1900年到1935年，但大多数是在1930年到1935年间所作。正如郭沫若同志所说："鲁迅先生无心作诗人，偶有所作，每臻绝唱。"（《〈鲁迅诗稿〉序》）鲁迅的旧体诗虽然数量不多，却都是珍品。它们和鲁迅的其他作品一样，思想深刻，内容丰富，感情充沛，做到了革命的政治内容和完美的艺术形式的统一。鲁迅的旧体诗，是他留给我们的宝贵文学遗产的一个组成部分，是鲁迅的思想、创作的一个方面，值得我们认真学习和研究。毛泽东同志号召我们"读点鲁迅"，其中也包括学习鲁迅的诗作。

毛泽东同志在《在延安文艺座谈会上的讲话》中，高度评价了鲁迅的诗《自嘲》，并作了极为深刻、精辟的论述和解释，并且号召我们"学鲁迅的榜样"，"对于无论什么凶恶的敌人我们决不屈服"，要"做无产阶级和人民大众的'牛'，鞠躬尽瘁，死而后已"。1961年，毛泽东同志又亲笔书写了鲁迅的诗《无题》（"万家墨面没蒿莱"），赠给日本友好访华代表团，指出："这首诗是鲁迅在黎明前最黑暗的年代写的。"肯定了这首诗的时代意义，赞许诗句"于无声处听惊雷"的深刻含义和鼓舞人民革命斗志的巨大作用。毛泽东同志给我们指明了学习、研究鲁迅诗歌的方向，这就是：学习集中体现在诗中作者的共产主义世界观，坚定的无产阶级立场，坚韧的革命斗志，坚信光明必然战胜黑暗的革命乐观主义精神。

学习鲁迅的63首诗作，我们有一个总的感觉。这些写于不同年代的作品，都反映了尖锐激烈的现实斗争。它们和鲁迅其他作品一样，是时代的镜子、斗争的记录；它们和鲁迅的杂文一样，是直刺形形色色的敌人的锋芒，能"同读者一同杀出一条血路来"的投枪和匕首。它们也同鲁迅的不少作品一样，歌颂了党，歌颂了革命者的英勇斗争和崇高精神。

鲁迅的旧体诗鲜明地揭露了蒋介石国民党的黑暗统治，热烈地歌颂了共产党领导下的人民革命斗争。当鲁迅得知他的《集外集》在送国民党反动派的图书审查机关审查，收入集中的旧体诗竟未被删去时，在给《集外集》编者的信中说："而古诗竟没有一首删去，却亦不可解，其实有几首是颇为'不妥'的。""《集外集》只抽去十篇，诚为'天恩高厚'，但旧诗如此明白，却一首也不删，则终不免'呆鸟'之讥。"（《鲁迅书信集》）的确，鲁迅的旧体诗，都是很"明白"地揭露国民党反动派统治的黑暗，歌颂中国共产党领导下的革命斗争的，对于国民党反动统治来说，是"颇为'不妥'的"。这是因为，这些旧体诗都是应友人之请而作，不是公开发表的，可以更无顾忌地、更直接地向敌人展开攻击，对革命尽情歌颂。其中，还有相当一部分是写给日本友人的。这一方面固然是因为他们请鲁迅题字作诗者较多，另一方面，也是鲁迅考虑到在当时的中国"吟罢低眉无写处"，所以写给异国友人，可以把中国当时的黑暗状况和革命者艰苦斗争的情形，"打出中国去"，为外人所知。这是鲁迅冲破反革命文化"围剿"，钻透国民党法西斯文网的一种战斗方式。当柔石等同志被国民党反动派秘密杀害后，在"禁闭得比罐头还严"的国民党文化统治之下，不许国内任何报刊透露一点风声。但鲁迅却把那首《无题》（"惯于长夜过春时"）"写给一个日本歌人了"，把国民党反动派的罪行公诸国外。由于这种原因，鲁迅的旧体诗具有一种突出的特点，即强烈的战斗性这一点，较之鲁迅的杂文毫不逊色；又可以不像杂文那样，因受国民党反动派禁压，不得不采取隐晦曲折的表现方法，而是"明白而热烈"的。

鲁迅的旧体诗作，绝大部分写于第二次国内革命战争时期（1927—1937年）。毛泽东同志指出："这一时期，是一方面反革命的'围剿'，又一方面革命深入的时期。这时有两种反革命的'围剿'：军事'围剿'和文化'围剿'。也有两种革命深入：农村革命深入和文化革命深入。"（《毛泽东选集》第二卷第702页）鲁迅的几十首诗，概括地反映了这两种反革命"围剿"和两种革命深入。它们揭露国民党反动统治的黑暗，歌颂共产党领导下的革命斗争，对于友与敌、爱与恨、方生和将死、光明与黑暗，或歌颂赞美，或鞭挞抨击，立场坚定，旗帜鲜明，爱憎强烈，具有感人至深的力量。鲁迅对于革命诗人殷夫的诗歌的赞美，正好可以作为他的诗作的写照："这是东方的微光，是林中的响箭，是冬末的萌芽，是进军的第一步，是对于前驱者的爱的大纛，也是对于摧残者的憎的丰碑。"（《白莽作〈孩儿塔〉序》）

鲁迅的诗作，首先揭露了以蒋介石为代表的国民党反动派在第一次国内革命战争时期投机革命，以后又背叛革命，用大屠杀的手段，在共产党人和革命群众的血泊中建立法西斯王朝的滔天罪行。他在写给一位医生的四言诗中，锋利地指出"杀人有将"，揭露了国民党反动派的职业就是屠杀人民，并且把国民党反动派的杀人和医生的救人尖锐地对比：反革命的屠伯们把人民"杀其大半"，而医生只不过能"救其孑遗"，当然是"小补之哉"。这首诗既抨击反动派"杀人如草不闻声"，又启发人们思索正确的救国救民的道路。鲁迅在同时期写的《赠邬其山》中，又以"一阔脸就变，所砍头渐多"的诗句，揭露了蒋介石、汪精卫这些国民党反动派总头目，"而一旦大权在握则毫不踌躇地把革命浸入血泊。"（《马克思恩格斯选集》第二卷第360页）国民党反动政权是中国最后的也是最反动的封建法西斯王朝。鲁迅用他犀利的诗笔，对这个黑暗王朝作了无情的深刻的揭露。"大野多钩棘，长天列战云"，到处是荆棘，是刀枪，天空密布着乌黑的战云；"万家墨面没蒿莱"，在国民党反动派统治下，人民像囚犯一样生活，全国像座大监狱；"如磐夜气压重楼"，"故乡如醉有荆榛"，"高丘寂寞竦中夜"，国家民族，如醉汉酩酊，如长夜漫漫。他还撕下了国民党反动统治"太平成象盈秋门"的虚伪的歌舞升平气象，揭露这假象之下掩盖着人民的苦难、民族的沦丧。他谴责国民党反动派同入侵中国的民族敌人一起，在祖国的大地上实行烧光、杀光、抢光的"三光"政策，甚至和日本侵略者的飞机"并驾齐驱"，一个"炸进来"，一个"炸进去"，"奔霆飞熛"，屠杀人民，造成赤地千里、焦土一片。他描写了在国民党统治区的城市里，歌妓舞女的悲惨生活和无限哀怨。他满含愤怒之火焰，运用讽刺的利刃，怀着深厚的感情，用优美铿锵的笔调，"鞭挞癫皮狗似的旧世界"，"呼唤血和火"。

国民党反动派在进行一次又一次反革命军事"围剿"的同时，还日甚一日地进行反革命文化"围剿"。在其反革命文化统治下，整个中国"雾塞苍天""万籁静愔愔""千林暗""百卉殚"。鲁迅以深沉和悲愤的笔调写道："椒焚桂折佳人老"，"芳荃零落无余春"，"瑶瑟凝尘清怨绝"，"敢有歌吟动地哀"。这些饱含着血和泪，凝聚着怒和恨的诗句，形象地刻画了和愤怒地控诉了国民党反动派屠杀革命作家、禁压革命声音、摧残进步文化的狰狞面目和滔天罪行。鲁迅作为中国文化革命的主将和最英勇的旗手，是国民党反动派迫害的主要对象。"运交华盖欲何求，未敢翻身已碰头。破帽遮颜过闹市，漏船载酒泛中流。"短短四句，一方面形象而概括地写出了处境的艰险，一方面又把讽刺之火喷向国民党反动统治。他还写下了这样的清词丽句："雨花台边埋断戟，莫愁湖里余微波"。雨花台这个国民党屠杀革命者的刑场，不仅掩埋了烈士的尸骨，而且蕴藏着革命的愤火；烈士们留下的革命影响，像莫愁湖里的余波长留。他还以铿锵有力的语句，抒写了自己坚定不移的斗志，永远进击的情怀。他"忍看朋辈成新鬼"，但却要"怒向刀丛觅小诗"；他已成"迁客"仍要"播芳馨"，传播马列主义真理；虽然已经"椒焚桂折"，他仍要"独托幽岩展素心"，革命心不变，斗争志更坚。

鲁迅的诗作，既揭露黑暗、抨击敌人，又歌颂光明、赞美革命。他用形象的描绘，确切的比喻，明丽的色彩，优婉凝重的语句，歌颂共产党和红色根据地。他用遒劲有力的笔触写道："血沃中原肥劲草，寒凝大地发春华"，烈士的鲜血洒遍了中华，但同时浇灌了革命者的心田，使他们像劲草一样茁壮成长；纵然是祖国大地像寒冻凝结，但红色根据地却冲破严寒，像春花一样萌发绽开。"一枝清采妥湘灵，九畹贞风慰独醒"，这是又一支赞歌，请出湘灵女神，深情地讴歌革命根据地如"一枝清采"屹立在黑暗中国的大地上。中国共产党关于抗日救国的英明政策、正确主张，像"九畹贞风"，给他以无限的慰藉、巨大的希望。他挥洒笔墨，饱含激情地写道："中夜鸡鸣风雨集"，"起看星斗正阑干"，"但见奔星劲有声"，"于无声处听惊雷"。在风雨密集的深夜中，已经听见报晓的鸡鸣，看见北斗星横斜，奔星划过长空，惊雷即将滚动，光明就要冲破黑暗。正如周恩来同志所指出的："鲁迅先生之伟大，在于一贯的为真理正义而倔强奋斗，至死不屈，并在于从极其艰险困难的处境中，预见与确信有光明的将来。"（《鲁迅逝世二周年题词》）

鲁迅的诗作不仅预言了革命胜利的前景，同时，还相对照地勾画了国民党反动统治必然灭亡的命运。"六代绮罗成旧梦，石头城上月如钩"，盘踞在南京城里的国民党反动派，将和六代封建王朝一样，必然成为历史的陈迹。石头城上，残月如钩，象征着蒋家王朝已经是日薄西山、人命危浅了。

鲁迅的诗记录了中国新民主主义革命艰巨复杂的斗争历史，也记录了他自己"在围剿中生长起来"的革命征程。如果说，他青年时代的诗句"寄意寒星荃不察，我以我血荐轩辕"，反映了他作为一个热忱的爱国者的思想风貌，那么，尔后的多篇诗作，则记录了他"怒向刀丛觅小诗"的顽强坚定的战斗品格，并以"横眉冷对千夫指，俯首甘为孺子牛"的诗的语言，表述了无产阶级革命家的高贵品德和共产主义世界观；而"于无声处听惊雷"这句铿锵有力的诗句，不仅概括了当时革命形势的特点，于沉寂中预示了惊雷的到来，于黑暗中揭示了曙光之将临，而且成为革命发展规律的准确而优美的表述。万千革命者，在困难关头，吟诵着此诗句而获得信心和力量。

鲁迅的旧体诗大多数系应友人之请而作；但是，他从来不把这当作应酬、吟琐事、写私情，而总是根据当时阶级斗争、民族斗争的需要来确定主题，又依当时具体的人和事，巧妙地写出他所需要写的内容。赠医生，就揭露国民党反动派大肆屠杀人民的罪行，批判"医学救国"的谬论；赠画师，则揭露在国民党反革命文化专制主义统治下，中国艺苑千林暗、百卉殚的黑暗凄凉景象，提出"只研朱墨作春山"的革命要求和号召；赠日本歌人，就写中国歌舞楼台的寂寥与冷漠："莫向遥天望歌舞，西游演了是封神"。这充分表明，他坚持了现实主义的诗歌创作道路：人民的生活、革命的斗争、对旧世界的憎恶和对于未来的期望，这一切充满了他的思想，随遇而发；而他对于生活的观察又是那样深入细微。正因为如此，他善于从具体的、细小的题材中，发掘出深刻的、重大的思想主题，使诗作具有强烈的战斗性和广泛的教育意义。他又善于从常见的社会现象中，概括地、精练而又深刻地揭露社会的重大矛盾，反映现实的斗争。旧中国的上海这个十里洋场、冒险家的乐园，有多少酒吧、舞厅。人们司空见惯的社会腐烂现象，被鲁迅一刻画，便从一个侧面反映了人民的苦难生活，揭露和批判了国民党反动统治的罪恶。

鲁迅的旧体诗，批判地继承了我国从《诗经》《离骚》到唐诗及近代进步诗词的优秀遗产。他的诗"雄大而活泼"，"明白而热烈"，具有刚健的风骨，优美的文采，浓郁的诗味，正是得益于古代诗歌优秀传统的艺术滋养。并且能推陈出新，对于古代的神话故事、丽词佳句，化而用之，翻出新意，使文章增华，却又不落古人窠臼。引经据典，却又不取生僻典故；有些典故，纵然读者不明原典出处，也能知其意、得其神。这种革命的政治内容和完美的艺术形式的统一，使鲁迅的旧体诗具有动人的艺术魅力而脍炙人口。

当然，说鲁迅的诗作易懂好记，并不是说一目了然。作为旧体诗，在语言文词上，究竟不像新诗那样明白如话。更主要的是，凝练的形式蓄含着深广的内容。如果对当时的历史背景、创作环境和斗争形势不够熟悉，在理解上是会有一些困难的。鲁迅说过，对于他的作品，尤其是杂文，阅历少的青年人往往不易理解。他的旧体诗就更是如此了。这就要求我们更认真地去学习研究，主要是结合中国新民主主义革命史的学习和对鲁迅的其他作品（包括书信）的学习研究，来钻研、理解这些旧诗。同时，提出了一个适当注释和诠解的任务。但是，多年来，"四人帮"诬蔑、歪曲鲁迅，压制、破坏鲁迅著作的出版、研究和注释工作。他们在这方面的累累罪行，和当年疯狂压制、残酷摧残鲁迅及其作品的蒋介石国民党是一样的。现在党中央粉碎了"四人帮"，我们可以更好地学习、研究鲁迅的作品了。

近十年来，我在农村和基层，接触到许多基层干部和知识青年。他们如饥似渴地学习鲁迅的作品，包括鲁迅的旧体诗。但在学习过程中，往往感到理解上的困难，尤其是一些杂文和旧体诗，简略的注释难以满足要求。受到群众这种迫切要求的督促，我不揣浅陋，边学边干，做了一点选注工作。因为考虑到上述读者对象，所以尽量做到通俗易懂，并对鲁迅的杂文和书信多所引证，以期帮助理解。在工作过程中，学习和参考了已有的一些注释；对一些诗作，也提出了自己的理解，对已有的一些解释提出了不同看法。这只算是一个初学者的质疑吧。

囿于理论水平低，学力不足，对鲁迅的作品理解不深，再加上在基层和农村，资料、工具书都很缺乏，这本小册子肯定会有不少错误和缺点。诚恳地希望广大读者和专业工作者给予批评指正。

彭定安
1978年

别诸弟（之三）

　　　　从来一别又经年，万里长风送客船。

　　　　我有一言应记取，文章得失不由天。

【说明】

　　这是鲁迅最早的作品之一，作于1900年（清光绪二十六年）。当时鲁迅正在南京陆师学堂附设的矿务铁路学堂读书。这年他20岁。在这之前，他还上过水师学堂。但是，这两个由官僚买办主办的学校都很糟，鲁迅称它们"乌烟瘴气"。"爬了几次桅，不消说不配做半个水兵，听了几年讲，下了几回矿洞，就能掘出金、银、铜、铁、锡来吗？实在连自己也茫无把握"。"爬上天空二十丈和钻下地面二十丈，结果还是一无所能，学问是'上穷碧落下黄泉，两处茫茫皆不见'了。"（《朝花夕拾·琐记》）但鲁迅却在课外阅读中找到了学问。当时，正是康有为、梁启超领导的资产阶级维新运动兴盛时期，出版了许多西方资产阶级革命时期的政治、哲学、经济、历史、科学、文艺译著。鲁迅广泛地、孜孜不倦地阅读这些新书。他当时的生活很清苦，有时只能穿夹衣过冬，不得不靠吃辣椒御寒。但他仍节省开支去买书刊阅读，连自己因学习成绩优而得到的奖章，也拿去换钱买新书报。

　　青年鲁迅受到维新思潮的激荡，广泛接触了资产阶级进步的社会科学和自然科学，特别受到严复所译《天演论》的深刻影响，从此接受了进化论。《天演论》是英国生物学家赫胥黎的一部宣传进化论的重要著作；严复是毛主席指出的中国近代"向西方寻找真理"的代表人物之一。他所翻译的《天演论》，给19世纪末20世纪初的中国思想界以强烈的震动，影响了整整一代知识分子。鲁迅便是其中的一个。而他的这首写给兄弟的诗，就是在这种思潮影响下产生的。它批判了"生而知之"的唯心论的先验论。中国旧时有"文章本天成，妙手偶得之"的说法，宣扬文章学问，是靠"天才"条件，靠"灵感"，先天地、偶然地取得成功的。但年轻的鲁迅却勇敢地提出"文章得失不由天"，表现了摆脱传统束缚、反抗旧思想的斗争精神。

批判唯心主义的"天才"论，重视后天的学习与实践，这是贯穿鲁迅一生的宝贵思想品格。他之所以能够成为伟大的文学家、思想家、革命家，并不是天生的，而是他从不脱离现实斗争，从不脱离革命实践，刻苦学习、辛勤劳作，特别是认真学习马克思主义，并紧密结合实际，严于剖析自己的结果。

【注释】

本诗作于1900年2月，是从周遐寿日记中录出，后收入《集外集拾遗》。

[从来一别又经年] 同历来一样，今日一别便是一年时光。

鲁迅于1898年离开故乡绍兴，到南京求学。1900年寒假返乡，回南京后，作诗三首寄回，总题为《别诸弟》，这里选的是第三首。

经年：一年。

[万里长风送客船] 万里长风送走了我乘坐的船只。

[我有一言应记取] 我有一句话希望你们听取、记住。

[文章得失不由天] 文章、学问的得失不是由天决定的。

莲蓬人

芰裳荇带处仙乡，风定犹闻碧玉香。

鹭影不来秋瑟瑟，苇花伴宿露瀼瀼。

扫除腻粉呈风骨，褪却红衣学淡妆。

好向濂溪称净植，莫随残叶堕寒塘！

【说明】

莲蓬人——这是青年鲁迅借咏物来寄情言志而创造的一个艺术形象。荷花谢后，结出莲蓬。莲蓬圆圆的莲房饱满，浑身碧绿，亭亭玉立。诗人把它拟人化，称为莲蓬人。它以菱叶做衣裳，系着水荇的飘带，处于仙人的境界。风已定，但从它碧玉般的身躯上还飘散着清香。萧瑟的秋天，鹭鸶的影子不再出现在池畔，只有苇花在浓重的夜露中与它伴眠。此时此地，草木摇落，万花纷谢，莲蓬人扫尽脂粉，呈现出傲霜的风骨，褪却荷花的红衣，显露淡雅高洁的装束。莲蓬人啊，你可以向爱莲的濂溪先生去称道"亭亭净植"，而莫要像残败的荷叶那样堕入污泥的寒塘！

莲蓬人，这是一个出污泥而不染，厌弃浓妆爱淡妆，鄙视斗俏不争春，具有高尚风格的艺术形象。诗人在这个艺术形象上，寄托着自己的理想，抒发了高洁的情怀，显出战斗的思想品格。

这个艺术形象是诗人当时思想发展的产物，它具有一定的社会意义。鲁迅在一个酝酿着大变革的时代，度过了自己的少年时光。19世纪末叶，清王朝已经气息奄奄了。帝国主义的政治、经济、文化侵略，削弱了封建统治，瓦解了封建经济，冲击了封建思想文化。中国处在从封建社会迅速向半封建、半殖民地社会转变的过程中。一方面是封建地主经济的解体，一方面是资本主义经济的发展；一方面是封建思想文化道德的沦丧，一方面是资产阶级思想文化和自然科学的输入。先进的人们急切地寻求救国救民的真理，介绍和传播西方资产阶级上升时期的科学文化。西方的新式学校，作为科举考试的对立物，在封建顽固派的咒骂声中和维新派人物、一部分青年学生的欢迎声中，出现了，发展了。一代新的知识分子在新思潮的熏陶和维新运动的推动下，从封建士大夫中分化出来。鲁迅便是其中的一个。

鲁迅的封建士大夫家庭，作为这个崩溃的封建社会的一个细胞，没落了。少年鲁迅经受了家道中落的变故，世态炎凉的刺激，亲见了没落的封建家族里那些不肖子孙的丑态与悲惨的结局。这使他对自己熟识的本阶级产生了痛恨与厌恶。他在后来谈到自己的少年时代时曾说："我的祖父是做官的，到父亲才穷下来，所以我其实是'破落户子弟'，不过我很感谢我父亲的穷下来（他不会赚钱），使我因此明白了许多事情。"（《鲁迅书信集》）他还说过："有谁从小康人家而坠入困顿的么，我以为在这途路中，大概可以看见世人的真面目。"（《呐喊·自序》）因此，他不再走士大夫走惯了的学而优则仕的科举道路，也不走当时绍兴破落户子弟一般都走的经商和当幕友的道路，而是决定"走异路，逃异地，去寻求别样的人们"（《呐喊·自序》）。他认为，故乡"S城（绍兴）人的脸早经看熟，如此而已，连心肝也似乎有些了然。总得寻别一类人们去，去寻为S城人所垢病的人们，无论其为畜生或魔鬼"（《朝花夕拾·琐记》）。这样，他抱着决裂的心情，拿着母亲给他的仅有的八元路费，到南京去上新式学堂，走上探求中的新路。这是1898年，他18岁。作这首诗的时候，他到南京读书已经两年了。两年中，他接触到不少新的事物，读了不少西方资产阶级进步的社会科学和自然科学书籍，他的思想进一步变化了，前进了。他的世界观已经趋于形成。"诗言志"，在这首咏物诗中，他批判社会上那种趋炎附势、奴颜婢膝的媚态，而赞扬那种不怕风霜侵袭、不惧寒冷寂寞而敢于同封建礼俗作斗争的高尚品德和战斗风格。莲蓬人这个艺术形象既是摆脱封建传统思想束缚的产物，又有对于当时"新式人物"的浅薄所作的批判。

这首诗对仗工整，语言优雅，形象鲜明，风格清新，朴素中透露出思想的闪光和艺术的才华。

【注释】

这首诗作于1900年秋。后收入《集外集拾遗》。

[芰裳荇带处仙乡] 菱叶做衣裳，系着水荇的飘带，身处仙人的境界。

芰：音jì（技），菱。绿叶浮于水面，绕于莲蓬四周，好像是它的衣裳。

荇：音xìng（杏），荇菜。一种多年生水生草本。白茎，叶紫色，浮在水面上。它绕立于莲蓬周围，好像是紫白相间的飘带。

[风定犹闻碧玉香] 风已经停了，还闻到碧玉般的身躯发出的清香。

风定：风已经住了。

碧玉：碧，绿色；玉，玉石。形容莲蓬的茎和莲房碧绿晶莹有如玉石。

[鹭影不来秋瑟瑟] 秋风瑟瑟看不见鹭鸶鸟的影子。

鹭：音lù（路），即鹭鸶，一种水鸟，常栖息水边，啄食鱼类。

瑟瑟：秋风声。

[苇花伴宿露瀼瀼] 在露水浓重的秋夜，只有苇花与你伴眠。

苇：即芦苇。

瀼瀼：音 ráng（瓤），露水很重的样子，《诗·郑风·野有蔓草》："野有蔓草，零露瀼瀼。"

[扫除腻粉呈风骨] 扫除浓重的脂粉，表现出不同风俗的品格。

腻粉：浓腻的脂粉。

风骨：指人的品格、性格。文艺评论上，常用以泛指作家、作品的刚健特点。诗中用为不同风俗的、独特的品格。

[褪却红衣学淡妆] 褪去红衣穿上淡素的衣裳。

褪却红衣：比喻粉红色的荷花谢了。杜甫《秋兴》诗："露冷莲房坠粉红"。

以上两句，通过对莲蓬形象的描述，表露了对于浓妆艳抹、眉黛脂粉的厌弃，对于趋炎附势、追名逐利的批判，而称颂朴素高尚的品德和敢于斗争的风格。

[好向濂溪称净植] 可以向濂溪先生称道自己是洁净地挺立于水面之上。

濂溪：北宋理学家周敦颐的别号。周曾写《爱莲说》，赞美莲花，称它"亭亭净植"，意思是洁净地直立于水面上。

亭亭：高貌，直立貌。

[莫随残叶堕寒塘] 莫要跟随残败的荷叶，堕落到污浊的泥塘中。

自题小像

灵台无计逃神矢，风雨如磐暗故园。

寄意寒星荃不察，我以我血荐轩辕。

这首诗是鲁迅21岁时在日本东京作的。当时，青年鲁迅是一个热烈的爱国主义者，积极参加了当时由孙中山领导的资产阶级民主革命运动。

在去东京之前，在南京求学的几年中，鲁迅受到维新思潮的影响，接受了进化论。维新运动唤醒了鲁迅；可是这个运动的失败，又使他对改良主义产生了怀疑。祖国向何处去？怎样解救民族的危亡、人民的苦难？他已经"绝望于孔子及其之徒"（《在现代中国的孔夫子》），怀着与封建思想文化决裂的态度东渡日本，去寻找救国救民的真理。

到东京后，鲁迅入弘文学院学习日语，准备选择自己要学的专业。当时的东京，资产阶级民主革命的领导人物云集。章太炎在这里发起了"中夏亡国二百四十二年纪念会"；孙中山发动了与康有为、梁启超保皇立宪派的大论战。在东京，排满光复的呼声高涨，爱国运动蓬勃开展。青年鲁迅"赴会馆，跑书店，往集会，听讲演"（《且介亭杂文末编·因太炎先生而想起的二三事》），积极参加革命活动。同时，又以迫切寻求救国救民真理的热情，大量阅读西方资产阶级革命时期的科学、文艺书籍，特别关注被压迫国家和弱小民族的文艺作品。匈牙利的爱国诗人裴多菲、波兰革命诗人密兹凯维茨和英国革命诗人拜伦，以及被马克思主义经典作家称为"德国当代最杰出的诗人"海涅和"社会主义的急先锋"雪莱等欧洲革命民主主义诗人，他都十分喜爱；他们那些"立意在反抗，指归在动作"的作品，深深打动了他年轻的心，激发了他的爱国深情。他还接触到希腊、罗马等西方古典文学艺术。这样，他站在热烈爱国者的立场，从锐意寻求真理的角度，广泛地涉猎西方进步文化，汲取思想营养，受到艺术的熏陶。

这时候，在东京的中国留学生有很多。在留学生中，一方面是进步的学生热情地从事革命活动和辛勤地寻求知识。另一方面则是：有学法政警察，准备当文臣武将的"干禄之色可掬"者；有以新学说为沽名钓誉手段的利禄之徒，也有"耳新声而疾走"的保守派；有拖着长辫、誓死保皇的死硬分子，也有朝为革命党人、暮为保皇信徒的投机政客。此外，还有整天躲在学生会馆中，炖牛肉、学跳舞的纨绔子弟。真是形形色色，这使鲁迅甚有寂寞之感。他的寂寞还有更深刻的原因。他深感在封建统治愚民政策的桎梏下，在封建思想文化的毒害下，人民愚昧柔弱。他当时思考着这样的问题：中国国民性中最缺乏的是什么？它的病根在哪里？同时，他从17、18世纪西方资产阶级革命的历史中，看到英法各国革命都经历了一个思想启蒙运动，都有一批启蒙学者，起到了鼓吹革命、唤醒民众的巨大作用。因此，他积极从事革命宣传活动。在他写《自题小像》诗之后一年，许寿裳主编《浙江潮》，向他约稿。他欣然答应，很快就写了《斯巴达之魂》，宣传斯巴达族团结御侮的战斗精神。以后，又写了《说钼》，介绍发现不久的新元素镭（钼是镭的当时译名）。以后又陆续写了《火之历史》《科学史教篇》《文化偏至论》《摩罗诗力说》等辉煌论著。这些作品的迅速产生，说明他在这之前，即写作《自题小像》的时期，已经思考过这些问题，酝酿了思想主题，积累了有关资料。实际上，鲁迅当时探索的问题和所从事的工作，正是试图掀起一个资产阶级民主革命必须有的思想启蒙运动。但是浅薄而软弱的中国资产阶级，没有担负起、更没有去完成这个历史任务。鲁迅当时具有深刻思想意义和革命作用的宣传工作，被淹没在浅薄的排满声中和缺乏分析批判的汉族光荣传统的简单宣传中。鲁迅因而感叹地大声疾呼："今索诸中国，为精神界之战士者安在？有作至诚之声，致吾人于善美刚健者乎？有作温煦之声，援吾人出于荒寒者乎？""而先觉之声，乃又不来破中国之萧条也。然则吾人，其亦沉思而已夫，其亦惟沉思而已夫！"（《坟·摩罗诗力说》）没有强有力的思想革命作先导，是辛亥革命的一个重大缺陷。这是鲁迅当时寂寞心情的社会根源。"寄意寒星荃不察"，表达了这种寂寞心境。这寂寞，是一个"精神界之战士"的寂寞，这诗句，是呼吁"先觉之声"，"来破中国之萧条"，"援吾人出于荒寒"的"至诚之声"。

鲁迅就是在这样的时代背景下和思想基础上，写下了《自题小像》。吟诵这首诗，我们好像看见鲁迅面对自己的小像，有如自我倾诉，深情地吟咏。他年轻的心，燃烧着对祖国炽烈的眷恋。他隔海远眺，只见风雨如磐，心头压着浓重的乌云。他把自己对祖国的深情挚爱寄托给天上的寒星，转达故国人民，然而，却不被觉察和理解。但是，诗人排除心头的寂寞和哀愁，决心为祖国、为人民献身。一颗炽烈的心在跳动，一腔爱国热血在沸腾，坚贞不屈的革命意志，无私无畏的献身精神！短短四句，凝练而深沉，热烈而华美，幽婉而铿锵。爱国忧民的情怀，跃然纸上；彻底献身的精神，表露充沛。

这首诗，在思想上、意境上与后来所写的"横眉冷对千夫指，俯首甘为孺子牛"一脉相承。在艺术上，既继承了祖国古代诗歌的优秀传统，又吸收了西方进步文学的滋养。思想深沉，感情真挚，艺术上也是成熟的。因此，多年来，广泛流传，脍炙人口。

诗中"我以我血荐轩辕"句，实际上成为鲁迅最早的、终身不渝的革命誓言。他在1931年再次把这首诗书赠老友许寿裳，表明他对自己青年时期的誓言的重申与坚持。只是，这时候所献身的，已经不是资产阶级领导的民族民主革命，而是无产阶级领导的新民主主义革命。他是从共产主义的高度来重申这献身革命的最初誓言的。

【注释】

这首诗于1903年写在赠给许寿裳的照片上。许寿裳在《我所认识的鲁迅·怀旧》中说："一九〇三年，他二十三岁，在东京有一首《自题小像》赠我。"这首诗的题目就是根据许文定的。本诗后收入《集外集》。

关于这首诗的写作年月，目前有争论。我同意定为作于1902年。鲁迅在1931年重新书写时说："二十一岁时作，五十一岁时写之，时辛未二月十六日也。"鲁迅计算自己的年龄，向来依照中国习惯算虚岁。1931年称"51岁"就是这样算的。依此，"二十一岁"是在1901年。但鲁迅是1902年才到日本留学的，诗当在1902年写。称为"二十一岁时作"，算的是足岁，为的是与"五十一岁时写之"对仗。鲁迅这样作并非偶一为之。他在1930年与海婴的合影上题"海婴与鲁迅，一岁与五十"就是一算实岁，一算虚岁。鲁迅说，这样写对仗工整，译成外文也很上口。鲁迅在1902年6月曾从东京寄照片回国，并有题句："会稽山下之平民，日出国中之游子，弘文学院之制服，铃木真一之摄影。二十余龄之青年，4月中旬之吉日，走五千里之邮筒，达星杓仲弟之英盼。"可见情况是这样的：1902年4月，鲁迅东渡不久，便在东京摄一小影，除题词寄回外，更题诗一首以言志。至于许文说鲁迅23岁时有《自题小像》诗赠他，也是对的。因为他比鲁迅晚半年（1902年秋）到东京入弘文学院，当初与鲁迅"极少往来"，以后才逐渐熟识，到次年（1903年），两人交密，鲁迅才送他这张照片，并把原作诗一首写上。

许寿裳（1882—1948）：字季茀，浙江绍兴人。鲁迅在日本东京弘文学院时的同窗好友。归国后，长期在北京等地大学任教授、校长等职。他与鲁迅结交于青年时代，友情终身不渝。许寿裳说："我与鲁迅生平有35年交谊，彼此关怀，无异兄弟。"（《亡友鲁迅印象记·和我的交谊》）1948年，许在台湾大学任教，由于倾向民主和写作关于鲁迅的文章，为国民党反动派所忌，于这年的2月18日深夜被刺杀于台北。他所著的关于鲁迅的著作有《鲁迅年谱》《亡友鲁迅印象记》《鲁迅的思想与生活》《我所认识的鲁迅》等。

[灵台无计逃神矢] 我的心灵无法逃脱爱神的箭矢。意为自己深受革命浪潮的激荡和影响，有如中了爱神之箭，无限热爱祖国。

灵台：同"灵府"，指心。《庄子·庚桑楚》："不可内（纳）于灵台。"郭象注："灵台，心也。"

神矢：爱神之箭。古罗马神话：爱神丘比特是一个生着双翅的美少年，他常在暗中以箭射人，射中男女双方的心，两人就会相爱。鲁迅在这里是借用西洋典故，比喻自己在革命浪潮激荡之下，像中了爱神之箭一样深爱祖国。这个比喻生动贴切。

[风雨如磐暗故园] 狂风暴雨吹打下的祖国黑暗沉沉。

风雨如磐：比喻帝国主义和封建势力像磐石一样沉重地压着祖国。磐，音pán（盘），巨石。

故园：故国、祖国。

[寄意寒星荃不察] 我把爱国的深情挚意寄托给天上的寒星转达国人，然而却不被理解。

寄意："意"指热爱祖国的情意。

寒星：寒夜的星斗。秦观《秋日》诗："霜落邗沟积水清，寒星无数傍船明。"另，宋玉《九辩》："愿寄意夫流星兮"，王逸注："欲托忠良贤策于贤良。"宋玉以流星比贤人。诗中"寒星"从"流星"转来，以喻国人。

荃不察：荃，音quán（全），香草。屈原《离骚》："荃不揆（察）余之中情兮。"王逸注："荃，香草，以喻君也。"鲁迅在这里比喻自己的爱国心情不为当时人所理解。

[我以我血荐轩辕] 我愿以我的鲜血奉献给祖国和先人。意思是为祖国、为人民贡献自己的一切直至鲜血与生命。

荐：音jiàn（见），贡献。

轩辕：即黄帝，相传是汉族的祖先。汉朝司马迁《史记》从黄帝开始记述，故人们常以轩辕指代祖国。

哀范君三章

（一）

风雨飘摇日，余怀范爱农。
华颠萎寥落，白眼看鸡虫。
世味秋荼苦，人间直道穷。
奈何三月别，竟尔失畸躬！

（二）

海草国门碧，多年老异乡。
狐狸方去穴，桃偶已登场。
故里寒云黑，炎天凛夜长。
独沉清泠水，能否涤愁肠？

（三）

把酒论当世，先生小酒人。
大圜犹茗艼，微醉自沉沦。
此别成终古，从兹绝绪言。
故人云散尽，我亦等轻尘！

【说明】

这三首诗为哀悼友人范爱农之死而作。但它的意义远不止于对朋友的悼念，而于悼友伤时之中，揭露了辛亥革命后中国的黑暗现状，批判了资产阶级民主革命的不彻底。

范爱农，名斯年，是鲁迅的同乡，他们在日本东京留学时相识。范爱农拥护辛亥革命，是清朝末年因刺杀安徽巡抚恩铭而牺牲的革命党人徐锡麟的学生。后来，因为没有学费，不能继续留学而回国。回到故乡绍兴后，受到封建守旧势力的轻蔑、排斥和迫害，几乎无地可容，只能躲在乡下教几个小学生糊口。辛亥革命胜利后，他的情况好转，精神振奋。曾与鲁迅在绍兴师范学堂同事，鲁迅任校长，他任学监。后来鲁迅被蔡元培邀去南京教育部工作，他留在学校。由于封建势力的复辟，他又备受排斥打击，穷愁潦倒，郁郁不得志。在1912年7月，即辛亥革命后不到一年，在同绍兴《民兴日报》友人一起游湖时淹死。鲁迅对于他的死是很哀痛的。他在哀诗后面的附记中写道："我于爱农之死，为之不怡累日，至今未能释然。"《鲁迅日记》1912年7月19日记云："晨得二弟信，十二日绍兴发，云范爱农以十日水死，悲夫悲夫！君子无终，越之不幸也，于是何几仲辈为群大蠹。"同月22日便作了这首诗，表示深切的哀悼。鲁迅说范爱农之死是"君子无终"，是"越之不幸"，可见范的为人和鲁迅对他的评价。

这样一个正直的、有一定民主革命思想的知识分子，为什么会这样遭遇不幸？鲁迅在诗中作了剖析和解答。他不仅对范爱农遭受封建势力的迫害表示了万分的愤慨和沉痛的悼念，而且，通过倾诉范爱农的不幸，控诉和谴责了辛亥革命后仍然猖獗的封建势力，对辛亥革命的不彻底作了深刻的揭露与批判。鲁迅在《范爱农》中写到辛亥革命后绍兴的情况说："忽然是武昌起义，接着是绍兴光复。第二天爱农就上城来，戴着农夫常用的毡帽，那笑容是从来没有见过的。""我们便到街上去走了一通，满眼是白旗。然而貌虽如此，内骨子是依旧的，因为还是几个旧乡绅所组织的军政府，什么铁路股东是行政司长，钱店掌柜是军械司长……。在衙门里的人物，穿布衣来的，不上十天也大概换上皮袍子了，天气还并不冷。"（《朝花夕拾》）诗中"狐狸方去穴，桃偶已登场"，对此作了揭露，指出封建官僚、地主商绅，摇身一变，也成了"革命党"，"咸与维新"了，并钻进了辛亥革命后的新政权。毛泽东同志指出："不晓得镇压反革命"，这是辛亥革命失败的重要原因之一。当时的同盟会领导人分不清敌我，在武昌起义的胜利声中，欣然同反革命分子握手言欢，让伪装的反革命分子混进了革命队伍，钻进了革命政权。绍兴的大地主章介眉，是杀害辛亥革命烈士秋瑾女士的凶手，后来竟以伪装进步而钻进革命政权，又参与杀害绍兴都督王金发。鲁迅在当时即敏锐地感觉到这个问题，在诗中予以批判。以后，他在《论"费厄泼赖"应该缓行》一文中，对此进一步作了深刻的批判，并提出了痛打落水狗的著名主张。

"故里寒云黑，炎天凛夜长"两句，更进一步概括了当时乌云密布、长夜漫漫的黑暗景象。这首诗作于辛亥革命后的第二年，鲁迅就看出了它的不彻底；对于它的失败，以及失败的原因，给予深刻的揭露。以后，鲁迅在《阿Q正传》《风波》《药》等小说及许多杂文中，作了更广泛、深刻的批判。

毛泽东同志在《青年运动的方向》中论到辛亥革命时指出："说它失败，是说辛亥革命只把一个皇帝赶跑，中国仍旧在帝国主义和封建主义的压迫之下，反帝反封建的革命任务并没有完成。"鲁迅当时对辛亥革命的不满和批判，正表现了他的彻底反帝反封建的激进民主主义思想，这是他日后能够随时代前进，随革命发展，由激进民主主义者进到共产主义者的坚实思想基础。

【注释】

这首诗作于1912年7月27日，最初发表在1912年8月21日的绍兴《民兴日报》上，署名黄棘。发表时并有稿后附记：

"我于爱农之死，为之不怡累日，至今未能释然。昨忽成诗三章，随手写之，而忽将鸡虫做入，真是奇绝妙绝，霹雳一声，速死豸之大狼狈矣。今录上，希大鉴定家鉴定，如不恶，乃可登诸《民兴》也。天下虽未必仰望已久，然我亦岂能已于言乎？二十三日，树又言。"

1934年，鲁迅曾录寄其中的第三首给《集外集》编者收入该集，题作《哭范爱农》；许寿裳《怀旧》一文又题作《哀诗三首》。这里用的是在《民兴日报》发表时的原题。

这首诗的定稿比初稿有多处改动：第一首的"遽尔"改为"竟尔"。第二首的"尽"，改为"已"；"彤云"改为"寒云"；"冽"改为

"冷";"洗愁肠"改为"涤愁肠"。《集外集》中第三首,"天下"改为"当世";"合"改为"自";"幽谷无穷夜,新宫自在春"句改为"此别成终古,从兹绝绪言";"余"改为"我"。许寿裳《怀旧》文中第二首"黑"原作"恶"。这些字句的改动,使诗的意义更深刻广阔了,感情也表达得更强烈了。如"遽尔",只形容时间之快;改为"竟尔",突出了感到意外、十分哀痛的感情。"彤云"改为"寒云","恶"改为"黑",更好地表达了对封建黑暗势力的憎恶和愤恨。"天下"改为"当世",更切合时事;"合"改为"自",表现了范爱农的孤傲和愤世嫉俗的精神,并与"大圜"形成对比,互相呼应。"幽谷"两句改为"此别……",意思更连贯,表现更深的悲痛和无尽的哀思。从这些修改中,可以看出鲁迅认真严肃的写作态度和锤字炼句的推敲功夫。

(一)

［风雨飘摇日,余怀范爱农］正当祖国处在风雨飘摇的日子里,我深切地怀念旧友范爱农。

［华颠萎寥落,白眼看鸡虫］头发花白、逐渐萎落,白眼看世人争权夺利如鸡啄虫。

《范爱农》中写到辛亥革命后范爱农的不幸遭遇时说:"我从南京移到北京的时候,爱农的学监也被孔教会会长的校长设法去掉了。他又成了革命前的爱农。我想为他在北京寻一点小事做,这是他非常希望的,然而没有机会。他到后来便到一个熟人的家里去寄食,也时时给我信,景况愈困穷,言辞也愈凄苦。终于又非走出这熟人的家不可,便在各处飘浮。"这里,反映了辛亥革命后一个有民主革命意识的正直知识分子的不幸遭遇。

华颠:头发花白的头顶。颠,顶。

萎寥落:(头发)枯萎脱落。

白眼:冷眼相待。《晋书·阮籍传》:"籍又能为青白眼,见礼俗之士,以白眼对之。"

《范爱农》中描写范的形象是:"这是一个高大身材,长头发,眼球白多黑少的人,看人总象在渺视。"诗中的白眼也是写实。

鸡虫:即"鸡虫得失",意指细小的得失,引申为世人争权夺利,就像群鸡啄食虫子,却又为人所缚。杜甫《鸡虫行》:"家中厌鸡食虫蚁，不知鸡虫卖还遭烹。……鸡虫得失无了时，注目寒江倚山阁。"范爱农当时的同事中，有名叫何几仲的，为人爱势利，排挤范爱农。而"几仲"与"鸡虫"谐音，尤其用绍兴话发音极相近。"白眼看鸡虫"，一语双关，所以鲁迅在附记中说："忽将鸡虫做入，真是奇绝妙绝。"

[世味秋荼苦，人间直道穷]世道像秋荼一样苦涩，人间行直道的人们的道路已经穷尽。

荼：音tú（徒），越年生草本植物，叶有齿，嫩苗可食用，味微苦，又叫苦菜。

[奈何三月别，竟尔失畸躬]为什么才离别了三个月，就失去了这样一位不合流俗的友人。

畸躬：即畸人。指不合流俗、不与苟同的人。《庄子·大宗师》："畸人者，畸于人而侔于天。"成玄英疏："畸者，不耦之名也。"畸，音jī（机）。

范爱农在淹死前数月，在给鲁迅的信中说："如此世界，实何生为，吾辈生成傲骨，未能随波逐流，惟死而已，端无生理。"流露了愤世嫉俗的性格与心情。

（二）

[海草国门碧，多年老异乡]祖国海边的青草一片碧绿，年复一年。你却漂泊异国，多年不归。

此句由李白"海草三绿，不归国门"句化出。原意为三年不归故乡。

[狐狸方去穴，桃偶已登场]狐狸才被赶走，木偶又粉墨登场。

狐狸，指清王朝的封建统治者；桃偶，指摇身一变钻进革命队伍的旧官僚政客、地主豪绅。许广平同志认为是指王金发。此人与鲁迅相识。鲁迅在《范爱农》和《论"费厄泼赖"应该缓行》中都曾论及，指出他是绿林出身，后参加革命，武昌起义后，当了绍兴都督。开初尚好，以后就被旧官僚、地主豪绅包围，为吹捧和金钱所腐蚀，也成了官僚。"他进来以后，也就被许多闲汉和新进的革命党所包围，大做王都督。"（《范爱农》）成为封建势力的傀儡了。诗中"桃偶"具体指他，也有泛指的意思。

[故里寒云黑，炎天凛夜长]故乡阴冷的黑云翻滚，炎炎夏日却使

人感觉如在寒风凛冽的长夜。这里指辛亥革命后的绍兴乃至全国，仍然是黑暗统治。正如鲁迅后来所指出的："一到二年二次革命失败之后，而渐渐坏下去，坏而又坏，……其实这也不是新添的坏，乃是涂饰的新漆剥落已尽，于是旧相又显了出来。"（《两地书》）

[独沉清泠水，能否涤愁肠] 你独自沉到清爽寒冷的水中，滔滔湖水能否洗净你心中的忧愁。

清泠水：即清爽寒凉之水。清泠（音 líng，灵），清爽寒凉之意。刘桢《黎阳山赋》："云兴风起，箫瑟清泠。"

涤：音 dí（笛），洗。

（三）

[把酒论当世，先生小酒人] 把盏饮酒，品评世态人事，你不过是一个境遇困厄的普通人。

小酒人，指范爱农，意为社会地位低下，为世俗所轻，只得以酒消愁的普通人。这里语含激愤。

[大圜犹茗艼，微醉自沉沦] 天下的人都酩酊大醉，你微有醉意就孤独地死去。

大圜：指天，或作大圆。圜，音 huán（环），同圆。

茗艼：即酩酊，音 mǐng dǐng，醉得迷迷糊糊的。

"微醉自沉沦"句，承上句，有天下人都醉醺醺，你一个普通读书人却微醉就死去的意思，流露了惋惜与愤慨之情。也有怀疑范爱农是跳水自杀的意思。《范爱农》中说："我疑心他是自杀。因为他是浮水的好手，不容易淹死的。"

[此别成终古，从兹绝绪言] 这一分手就成了永别，从此再听不到你发人深省的话语了。

终古：终极，久远。屈原《离骚》："余焉能忍与此终古？"

从兹：从此。

绪言：给人以启发的话。《庄子·渔父》："曩者（从前；曩，音 nǎng），先生有绪言而去。"

[故人云散尽，我亦等轻尘] 故旧好友如同浮云一样散尽，我也像轻轻的尘埃在飘荡。

曹植《薤露行》："人居一世间，忽若风吹尘。"古诗："人生寄一世，奄忽若飚尘。"轻尘当由此化来。

当时为辛亥革命后一年，离五四运动的发生还有七年。鲁迅这时任职教育部，正一面博览群书，总结历史的经验；一面观察当时的社会情状。这是一个革命战士的暂时蛰伏期和战斗准备期。当时鲁迅因为愤于辛亥革命的失败而又找不到出路，意气较消沉，故有"我亦等轻尘"之语。以后，鲁迅仍用"轻尘"这个词，但意义已有不同。鲁迅在致台静农信中说："……的现状为我有生以来所未尝见，三十年来，年相若与年少于我一半者，相识之中，真已所存无几，因悲而愤，遂往往自视亦如轻尘"。这里的"轻尘"乃"因悲而愤"的愤慨语，也表示了自己将生死置之度外的心境。

无 题（"杀人有将"）

杀人有将，救人为医。
杀了大半，救其子遗。
小补之哉，乌乎噫嘻！

【说明】

这首诗作于1930年9月。这时，鲁迅从广州到上海定居才两年多。三年多以前，蒋介石叛变革命，发动了"四一二"反革命政变，大肆屠杀共产党人和革命群众。鲁迅当时在广州中山大学任教，他营救共产党员和进步学生无效，为了抗议国民党的暴行，愤而辞职。以后便离开广州，来到上海，从事革命文艺运动。在这两年多时间中，经过激烈的阶级斗争的实践，通过刻苦地学习马克思主义，并且严格解剖自己的思想，如他所形容的，窃得马克思主义之"火"来煮自己的"肉"，深刻地总结了自己过去的战斗和所走的道路，他纠正了"只相信进化论的偏颓"，树立了马克思主义的阶级观点，由只"憎恶这熟识的本阶级，毫不可惜它的溃灭"，进到相信"惟新兴的无产者才有将来"，完成了由激进民主主义者到共产主义者的思想飞跃，成为英勇坚强的伟大无产阶级战士。这首诗就是在这种思想基础上产生的。

"杀人有将"，揭露控诉了国民党反动派反革命大屠杀的滔天罪行，揭露了国民党反动政权的法西斯本质。早在两年多以前，鲁迅在广州亲见了在"四一二"反革命政变中，国民党反动派进行的惨绝人寰的大屠杀。当时，仅在"四一二"后一段时期里，广州一地就逮捕、杀害了三千多人。鲁迅的学生、共产党员毕磊就是这时牺牲的。鲁迅在《而已集·题词》中愤怒地写道：

"这半年我又看见了许多血和许多泪，"

"泪揩了，血消了；

屠伯们逍遥复逍遥，

用钢刀的，用软刀的。"

在《答有恒先生》中又悲愤地写道："现在我知道不然了，杀戮青年的，似乎倒大概是青年，而且对于别个的不能再造的生命和青春，更无顾惜。……我尤其怕看的是胜利者的得意之笔：'用斧劈死'呀，……'乱枪刺死'呀，……"。（见《而已集》）这"屠伯"，就是"杀人有将"的"将"，就是人民公敌、法西斯头子蒋介石和他手下的反革命头目们。

蒋介石在人民的血泊中建立了中国历史上最后的一个，也是最反动、最黑暗的法西斯统治。在1930年这一年，继续进行反革命的军事"围剿"和文化"围剿"。在军事"围剿"中，他们实行"三光"政策，大批杀害革命者和革命根据地的人民群众。在国民党统治地区，正如鲁迅所指出的，那时，"被压迫的人讲几句话，写几个字，就要杀。""反革命的野兽性，革命者倒会是很难推想的。"

在国民党法西斯政权统治下，在反革命屠伯们大肆屠杀人民的黑暗社会，"救人为医"，就不过是一种小补。"杀人有将"牺牲多，"救人为医"仅小补，这种截然相反的目的和不同结果的强烈对比，揭露了国民党反动派对于革命者和工农群众的"不能再造的生命和青春"，毫不顾惜、肆意屠杀的凶残面目和滔天罪行。同时，鲁迅还总结了自己的和历史的经验，启发人们深思继续战斗的道路。鲁迅青年时代在日本留学时，先是学医。他想用医学来救治像他父亲那样被庸医害死的人们，并且"战争的时候就去当军医，一面又促进了国人对于维新的信仰。"但是，后来受到以孙中山为代表的资产阶级民主革命思潮的影响，投身革命运动；更有一次，在课堂看电影时，受到了深刻的刺激。在影片中看见了"久违的许多中国人"，一个被绑着要被日军当作俄国侦探来砍杀，而一大群人麻木地看这"杀头示众的盛举"。这使鲁迅深刻地感受到：救其不死，使其健壮，并不重要，因为如不觉醒，"也只能做毫无意义的示众的材料和看客"，因此，救国救民的要务倒是"改变他们的精神"。于是，他便弃医习文，以唤起国人的觉醒。以后，他又经历了辛亥革命的失败，袁世凯的篡权和复辟帝制，北洋军阀的统治，特别是蒋介石的反革命大屠杀；经过这些血淋淋的阶级斗争的"事实的教育"，以及对于马克思主义的学习，他进一步明确了正确的革命道路。早在1925年，他就总结孙中山领导民主革命失败的教训，指出："但改革最快的还是火与剑，孙中山奔波一世，而中国还是如此者，最大原因还在他没有党军，因此不能不迁就有武力的别人。"（《两地书》）到1927年，他更明确地认识到，要改变"中国现在的社会情状，止有实地的革命战争"。（《而已集·革命时代的文学》）在鲁迅写这首诗的时候，社会上"各色的人们大喊着各种的救国"的谬论，什么"科学救国""文学救国""艺术救国"，还有什么"航空救国""储蓄救国"等种种高调与空谈。有的是糊涂人的错误观点，有的是别有用心的人的恶意宣传，用来麻痹、毒害人民。因此，鲁迅告诫说："路要认清"，"莫杀人民"。

正当鲁迅认真思考和总结中国革命的历史经验，追求革命的正确道路的时候，毛泽东同志提出了"枪杆子里面出政权"的伟大理论，开辟了建立农村根据地，以农村包围城市，最后夺取城市的道路。毛泽东同志的光辉理论和伟大革命实践，照亮了鲁迅的思想，指明了前进的方向，湘赣红色根据地的傲然屹立，给他以无限希望与坚强信心。他在以后的诗篇中，深情地歌颂了毛泽东同志、共产党创立和领导的红色根据地，把中国革命的希望寄托在它身上。

【注释】

本诗作于1930年9月1日，是书赠一位当医生的亲戚冯蕙熹先生的。这首诗以前未被发现，1975年才首次在《文物——革命文物特刊》上发表，诗的照片底版是冯蕙熹先生提供的。

[杀人有将] 有专门杀人的将领。指以蒋介石为总头目的国民党新军阀。

[救人为医] 行医是为了救治人民的生命。

[杀了大半] 谴责蒋介石为首的国民党杀人如麻，数量很大。

[救其孑遗] 行医只能救治剩下的少数人。

孑遗：遗留，剩余。《诗·大雅·云汉》："周馀黎民，靡有孑遗。"毛传："孑然遗失也。"孑，音jié（节）。

鲁迅在《拿破仑与隋那》中指出："杀人者在毁坏世界，救人者在修补它，而炮灰资格的诸公，却在恭维杀人者。这看法倘不改变，我想，世界是还要毁坏，人们也要吃苦的。"（见《且介亭杂文》）这里，指出了医学救人，只是小补，根本在于推翻反动政权，消灭杀人者。

[小补之哉] 这不过是一种小补缀。

[乌乎噫嘻] 都是感叹词，这里表示发自肺腑的感叹，发人深省，考虑革命的正确道路。

乌乎：同呜呼。

赠邬其山

廿年居上海，每日见中华。

有病不求药，无聊才读书。

一阔脸就变，所砍头渐多。

忽而又下野，南无阿弥陀！

【说明】

这是一首有力的讽刺诗，锋芒所向，直刺国民党反动派的头目蒋介石等人。这也是一幅用文字写成的"漫画"，他勾画出蒋介石等国民党反革命头目的反革命两面派、阴谋家的凶残丑恶形象。鲁迅说过：讽刺是"一个作者，用了精炼的，或者简直有些夸张的笔墨——但自然也必须是艺术的地——写出或一群人的或一面的真实来。"（《且介亭杂文二集·什么是"讽刺"?》）又说："漫画的第一件紧要事是诚实，要确切的显示了事件或人物的姿态，也就是精神。"（《且介亭杂文二集·漫谈"漫画"》）这首诗正是通过真实的、典型的现象，用凝练的笔墨，辛辣的语言，揭露蒋介石等反革命头目的反动言行，确切地显示了他们的狡诈、残忍、善变、搞阴谋权术的反革命丑态和本质。

在1924—1927年大革命期间，蒋介石、汪精卫和他们的反革命谋士戴季陶、吴稚晖、甘乃光等人，钻进国共合作的革命统一战线中，伪装进步，投机革命。他们当时都曾到各地讲演，装模作样、口是心非地讲什么拥护孙中山联俄、联共、扶助农工的三大政策。甚至指天发誓，说他们是共产党的"朋友"，"谁要是反对共产党就是反对革命""就应当把他们打倒"。嘴里信誓旦旦，暗里却在磨刀霍霍。他们的话音未落，在1927年4月12日就首先在上海发动了反革命政变，举起屠刀，残杀共产党员和革命群众，甚至提出"宁可错杀一千，不可放过一个"的极端反动的口号。他们撕下了假面具，脱去了伪装，一反过去的腔调，到处咒骂共产党，大肆造谣污蔑，制造事端；又以此作为"罪状"，陷害、屠杀共产党人和进步青年。他们"一旦大权在握则毫不踌躇地把革命浸入血泊"（《马克思恩格斯选集》第二卷，马克思恩格斯斯大林著作编译局编，1972年5月第1版，第360页）。鲁迅在"四一二"反革命政变后，在《小杂感》中曾给予揭露："又是演讲录，又是演讲录"，"但可惜都没有讲明他何以和先前大两样了；也没有讲明他演讲时，自己是否真相信自己的话。"（《而已集》）

鲁迅又讥刺地写道："阔的聪明人种种譬如昨日死。"（《而已集》）

这班反革命，把脸一变，翻手为云覆手为雨，表现出反革命两面派的极端虚伪、阴险、狠毒。如鲁迅所深刻揭露的，他们在反革命大屠杀中，"用共产青年，共产嫌疑青年的血来洗自己的手"。

蒋介石的谋士戴季陶，大革命时期在广州中山大学当校长时，大耍反革命两面派手段，称共产国际派来中国的顾问鲍罗廷为"肖夫"，"当开学之际，命大学生全体起立，向着鲍罗廷一鞠躬，拜得他莫名其妙"。(《伪自由书·官话而已》)还有国民党党棍、反动官僚甘乃光，"做过《孙中山与列宁》，说得他们俩真好象没有什么两样。"(《伪自由书·官话而已》)但是，正是他们充当了蒋介石发动"四一二"反革命政变的谋士。"一阔脸就变，所砍头渐多"，就是概括了这班反革命头目们投机革命、叛变革命的反革命生涯，揭露他们的反革命两面派的手段和本质。

这班反革命罪魁祸首，有的人一面杀人如麻，一面却又假装慈悲，念经拜佛。这是新的伪装，新的欺骗。戴季陶后来当了国民党考试院院长，又是搞法会，又是设经堂，俨然一个慈悲为怀的居士！他们之中有些人，后来在国民党反动派内部狗咬狗的争斗中，时而上台，时而下野。一旦下野，便称病出洋，或是拜佛当居士。鲁迅这首诗，以"有病不求药""忽而又下野，南无阿弥陀"这些讽刺的诗句，揭露了他们的反动嘴脸，勾画了他们的丑恶形象。

这首诗是写给日本友人内山完造的。内山曾写《活中国的姿态》一书，请鲁迅作序。鲁迅在序言中说，这本书是作者观察中国的记录，但"有多说中国的优点的倾向，这和我的意见是相反的"(《且介亭杂文二集》)。在这里，鲁迅指出内山没有揭露当时中国的黑暗面。于是，鲁迅便在写给内山的诗中，对国民党反动头子的反革命政治生涯和他们的丑恶形象，予以揭露和勾画。

【注释】

本诗作于1931年初春，后收入《集外集》。编该集时定为1933年作，不确。据鲁迅手迹，为"辛未初春书请邬其山兄教正"，"辛未"为1931年。

"邬其山"即内山完造。"内山"的"内"字日语发音为"邬其"，鲁迅戏将"内"字音译为"邬其"，保留中文发音的"山"字，成为"邬其山"这样一个中国式的名字。

内山完造（1885—1959）：日本冈山人。年轻时来中国，在上海开设内山书店。鲁迅因经常到内山书店购买书籍，与他相识，后来交往甚密。鲁迅常到内山书店漫谈，并在店里与革命者、左翼作家、进步文人会面；由书店代收书信。当国民党反动派追捕鲁迅时，内山曾帮助转移。据许寿裳记载，"抗战中，鲁迅的冢墓被敌伪破坏了，后忽有人把它完全修复而不告人。据景宋（按：即许广平）说，想必是出于他（按：指内山）的慷慨而不肯居功。"内山完造的胞弟内山嘉吉也是鲁迅的好友。他曾于1931年8月在上海为鲁迅举办的木刻讲习会授课。

抗日战争胜利后，内山完造回日本。新中国成立后，内山致力于中日友好工作，任日中友协副会长，曾来我国访问，并参加纪念鲁迅逝世二十周年活动。1959年来我国访问时，因脑溢血在北京逝世。

[廿年居上海，每日见中华] 你在上海住了二十年，每天都看到中国的种种现象。

[有病不求药，无聊才读书] 口称有病，却不吃药。只有无聊的时候才读书。

这是对国民党反动官僚政客的讽刺。他们往往口称有病，实为行骗。他们当然更不读书，而是过着荒淫无耻的生活。汪精卫、胡汉民等国民党反动头目，因内讧下野时都曾称病，并以"出洋考察""出国养病"为名出走国外。鲁迅在杂文中曾经对他们予以辛辣的讥刺："外洋养病，脊背生疮，名山拜佛，小便里有糖。"

[一阔脸就变，所砍头渐多] 一爬上反动统治宝座，就撕下伪装，脸色一变，大肆屠杀革命人民。这是对蒋介石、汪精卫等反革命头子的揭露和讽刺。鲁迅在《南腔北调集·答杨邨人先生的公开信》中对此作了更明白的揭露和抨击，是这两句诗的最好脚注："我所谓奸商者，一种是国共合作时代的阔人，那时颂苏联，赞共产，无所不至，一到'清党'时候，就用共产青年，共产嫌疑青年的血来洗自己的手，依然是阔人，时势变了，而不变其阔；一种是革命的骁将，杀土豪，倒劣绅，激烈得很，一有蹉跌，便称为'弃邪归正'，骂'土匪'，杀同人，也激烈得很，主义改了，而仍不失其骁。"

阔人：鲁迅在文章、书信中常用来讥讽地称国民党反动派的党棍、官僚、政客。有时也称"聪明人"。

[忽而又下野，南无阿弥陀] 在狗咬狗的争斗中被拱下了台，于是便念经拜佛，掩藏黑心，伺机再起。

这是对蒋介石等反革命头目的揭露和讥刺。蒋介石因内讧下野时，曾到浙江奉化雪窦寺附近的妙高台拜佛念经。军阀孙传芳下野后，也曾到天津紫竹林当居士，印经宣法。鲁迅在《准风月谈·查旧帐》中作过这样的揭露："今之名人就又不同了，他要抹杀旧帐，从新做人，比起常人的方法来，迟速真有邮信和电报之别。不怕迂缓一点的，就出一回洋，造一个寺，生一场病，游几天山；要快，则开一次会，念一卷经，演说一通，宣言一下，或者睡一夜觉，做一首诗也可以；要更快，那就自打两个嘴巴，淌几滴眼泪，也照样能够另变一人，和'以前之我'绝无关系。"

南无阿弥陀：梵语。南无，读如"拿摩"，译文为归命、归礼、度我等。阿弥陀，译文是无量。和尚念经文时，最后合掌念此一句以结束。此处为讥刺国民党官僚的假慈悲。

为了忘却的记念

惯于长夜过春时，挈妇将雏鬓有丝。
梦里依稀慈母泪，城头变幻大王旗。
忍看朋辈成新鬼，怒向刀丛觅小诗。
吟罢低眉无写处，月光如水照缁衣。

【说明】

1931年1月17日，柔石、李伟森、殷夫（即白莽）、胡也频和冯铿五位共产党员作家被国民党反动派逮捕。因为鲁迅和柔石共同战斗，过从甚密，而且柔石被捕时，衣兜里装着盖有鲁迅印章的与北新书局签订的版税合同，所以国民党特务机关趁机追捕鲁迅。他不得不于1月20日全家出走，避居日本人开的花园庄客栈。2月7日深夜，柔石等青年革命作家被国民党反动派秘密杀害于伪上海龙华警备司令部。消息传来，鲁迅对国民党反动派的血腥罪行无比愤恨，对于失去革命战友无限悲痛。在极度的愤恨与悲痛中，写下了这首诗。在两年后所作纪念柔石等同志牺牲的《为了忘却的记念》一文中，鲁迅写道："我沉重的感到我失掉了很好的朋友，中国失掉了很好的青年"。这样沉重的悲痛之情，熔铸在诗句中，真挚、深沉、动人。

在鲁迅写这首诗的时期，在红色区域，红军和革命根据地都有了发展，农村革命正在深入。在白区，在文化战线上，以鲁迅为英勇旗手，无产阶级革命文化运动有了很大的发展。前一年成立了左翼作家联盟（下称左联）；在理论战线上，在鲁迅率领下，批判了"新月派""第三种人""民族主义文学"等反动文学流派，翻译和传播了马克思主义文艺理论。这些成绩的取得，引起了国民党反动派的恐慌，便日甚一日地加紧压迫，直至采取囚禁和杀戮的法西斯手段。但是，鲁迅写道："惯于长夜过春时"，他以"惯于"二字，把今天与昨天相连，道出了十几年艰苦战斗的经历，表现了无视反动派迫害的斗志。紧接着便记叙遭受重重压迫的处境，倾诉哀悼战友的衷情，哀切动人，仇恨满腔，愤怒盖过哀伤，斗志冲破禁锢。

"怒向刀丛觅小诗"这就是鲁迅的回答。表现了不怕坐牢、杀头，仍要继续战斗的英勇与决心。

这首诗向来为革命者所热爱与传颂，在国民党反动统治下的黑暗年月里，它启发过多少人的觉悟，鼓舞了多少人的斗志。郭沫若同志于1927年秘密潜往日本；1937年回国参加伟大的抗日战争时，曾吟咏鲁迅的诗句，并步此诗原韵，写了一首"又当投笔请缨时"的诗。

【注释】

这首诗是1931年春，避居上海花园庄客栈时作。1932年7月曾写成条幅寄给日本友人山本初枝的夫人。1933年2月又录进《为了忘却的记念》一文中，并改"眼看"为"忍看"，"刀边"为"刀丛"。

[惯于长夜过春时] 习惯于在漫漫长夜中度过春日的时光。

这首诗作于春二月，又是在晚间吟就，是纪实，同时比喻国民党反动派统治下的中国，有如漫漫长夜。

[挈妇将雏鬓有丝] 自己鬓角已生白发，还要携带妻儿出走逃难。挈，音qiè（切）；挈、将都是带领扶持的意思。雏，音chú（除），幼小的（多指鸟类），这里指小孩。

当时鲁迅已49岁，海婴仅1岁零3个月。《鲁迅日记》1931年1月20日记载："下午偕广平携海婴并许媪，移居花园庄。"

这句诗也有慨叹自己鬓角已生白发，还有妻室之累，仍然遭到越来越严重的迫害之意，是深含悲愤的对于国民党反动统治的控诉与谴责。

[梦里依稀慈母泪]梦中还仿佛看见慈母为念儿而垂泪。

当时鲁迅的母亲住在北京，听到鲁迅已经被捕的谣传，非常挂念与焦急。鲁迅当时给李秉中的信中说："上月中旬，此间捕青年数十人，其中之一，是我学生（或云有一人自言姓鲁）。飞短流长之徒，因盛传我已被捕。……老母饮泣，挚友惊心。"（《鲁迅书信集》）

同时，也有念及柔石双目失明的母亲眷念儿子的意思。柔石牺牲时，他的母亲还在故乡。鲁迅曾选出珂勒惠支的木刻《牺牲》（刻画一个母亲悲哀地献出自己的儿子）交左联刊物《北斗》发表，并说："算是只有我一个人知道的柔石的纪念。"

[城头变幻大王旗]城头上反动统治者骗人的旗号不断变化。指国民党反动派为了进行反革命的军事"围剿"和文化"围剿"，不断打出不同的骗人旗号。同时，也指1929—1930年期间，国民党反动政府同各地方军阀之间的混战局面。如1929年2月爆发蒋（介石）桂（广西军阀李宗仁、白崇禧）战争，同年8月爆发蒋冯（玉祥）阎（锡山）战争；1930年5月又爆发第二次蒋冯阎战争。

城头：指南京城头。

大王：对强盗的通称，这里指当时盘踞南京城的国民党反动派的头目蒋介石等人。大，读dài（带）。

[忍看朋辈成新鬼]忍痛看着战友们被反动派杀害。

当时被国民党反动派秘密杀害的五位青年作家，都是共产党员，左联成员。其中，柔石、殷夫（即白莽）、冯铿都和鲁迅有交往，胡也频同鲁迅也见过面。柔石是鲁迅比较亲密的学生和战友。他和鲁迅共同创立了"朝花社"，介绍东欧和北欧的文学，输入外国的版画，一起编辑出版文艺书刊，如《朝花旬刊》《艺苑朝花》等。

殷夫（即白莽），诗人，也曾与鲁迅多次交往。鲁迅曾为他未能出版的诗集《孩儿塔》作序。

诗中"朋辈"即指柔石、白莽等同志。但用一"新"字，更进一步联系到以前先后牺牲的战友，如五四时期的战友李大钊，大革命时期在广州大学的学生、共产党员毕磊等。

忍，忍痛。《为了忘却的记念》中，有这样哀痛和悲愤的记述：

"不是年青的为年老的写记念，而在这三十年中，却使我目睹许多青年的血，层层淤积起来，将我埋得不能呼吸，我只能用这样的笔墨，写几句文章，算是从泥土中挖一个小孔，自己延口残喘，这是怎样的世界呢。"（《南腔北调集》）鲁迅更感悲痛和愤怒的是，柔石等同志是被秘密杀害的。在他们被害后五年，鲁迅在《写于深夜里》一文中还愤慨地写道："暗暗的死，在一个人是极其惨苦的事。""我每当朋友或学生的死，倘不知时日，不知地点，不知死法，总比知道的更悲哀和不安；由此推想那一边，在暗室中毕命于几个屠夫的手里，也一定比当众而死的更寂寞。"（《且介亭杂文末编》）

朋辈：朋，朋友、战友；辈，这里表示多数。

［怒向刀丛觅小诗］愤怒地面对反革命屠刀丛，写作战斗的诗篇。

刀丛：喻国民党反动派屠刀如丛，密布杀人之网。鲁迅在同年7月给李小峰的信中说："但现在文网密极，动招罪尤"；在同时期给孙用的信中又说："文艺遂没有什么好东西了，而出版也难，一不小心，便不得了。"

觅：音 mì（秘），搜求。

"忍看"原作"眼看"，"刀丛"原作"刀边"。"眼看"是比较客观的记述，改为"忍看"，悲愤之情跃然纸上。"刀边"改为"刀丛"，更形象地突出了反动派密布杀人之网。改易两字，便更进一步地揭露了国民党反动派杀人如麻的滔天罪恶，也更深沉地表达了对敌人的无比愤恨，更加突出地显示了鲁迅的大无畏精神。

［吟罢低眉无写处］吟罢诗篇，低头沉思，文章却无处发表。

在国民党反动派实行反革命文化"围剿"中，文禁极严。鲁迅的文章，虽然不断变换化名，仍然常常不能发表。对于柔石等被害的消息，更不让报刊透露一点风声。鲁迅在《为了忘却的记念》中说："可是在中国，那时是确无写处的，禁锢得比罐头还严密。"

［月光如水照缁衣］月光如清冷的水一样，照着我的黑衣裳。

缁：音 zī（孜），黑色。缁衣含有囚服的意思。本句为激愤语，并有抗争之意。

这句也是写实，鲁迅常着黑色长袍。但这纪实的诗句，却真切而深刻地表达了内心的悲愤，烘托了国民党反动派统治下漫漫长夜的凄楚哀怨情景。

送O. E. 君携兰归国

椒焚桂折佳人老，独托幽岩展素心。

岂惜芳馨遗远者，故乡如醉有荆榛。

【说明】

这首诗与前诗作于同时，也是鲁迅避难于花园庄客栈时所作。在诗中，鲁迅用比喻的手法，表达了对被杀害的革命战友的哀悼，对国民党反革命文化"围剿"、实行反动文化专制及对整个反动统治进行揭露和抨击。

他避难于客栈中，想到眼前的柔石等革命作家的被害，更多的左翼作家、进步文人遭逮捕，革命文化受到严重摧残，又想到尚在战斗中的革命作家，战斗则越来越艰险困难，有如香花被折、被焚，而"佳人"也"老"了。但真的猛士，敢于直面惨淡的人生，革命作家将在艰难条件下继续战斗，像素心兰在幽谷开放。国民党统治下的黑暗中国，荆棘满地，我又何惜将兰花赠送给远道异国的友人呢？这最后两句，表示了深深的愤慨。

诗中巧妙地运用了《离骚》《楚辞》中的词语，但注入新意，优美而哀婉地表达了深刻的思想主题。

这首诗是为一位日本友人携兰花归国而作，但鲁迅却打破了旧诗词咏兰的陈套，不是抒发个人的伤感哀愁，而是借咏香花以赞美革命者，抨击反动派，言革命之志，抒无产阶级之情。

【注释】

本诗作于1931年2月12日，是书赠日本友人小荣原次郎的。小荣原次郎在日本东京开设"京华堂"商店，经营中国文玩和兰草，经内山完造介绍，与鲁迅认识。曾印行《鲁迅创作选集》。据《鲁迅日记》1931年2月12日载："日本京华堂主人小荣原次郎买兰将东归，为赋一绝句，书以赠之。"此诗后收入《集外集》。

[椒焚桂折佳人老] 香椒被焚烧，桂树被砍折，美人也已老了。

意思是革命作家、进步人士被国民党杀害、摧残、迫害。

这里以椒、桂、佳人喻革命作家、进步人士。

椒，花椒，香料；桂，桂树，秋天开花，清香扑鼻。

[独托幽岩展素心] 只有兰花依旧在僻静的山岩开放。

这里比喻革命作家、进步人士在艰难的条件下仍然坚持斗争。也有自比的意思：当时鲁迅秘密出走，避居客栈，但仍然不改素志，坚定地继续从事革命斗争。这一年的2月2日，即作此诗前数日，鲁迅在给韦素园的信中说："中国的做人虽然很难，我的敌人（鬼鬼祟祟的）也太多，但我若存在一日，终当为文艺尽力，试看新的文艺和在压制者保护之下的狗屁文艺，谁先成为烟埃。……无论如何，将来总归是我们的。"(《鲁迅书信集》) 表示了战斗不息的决心和必然胜利的信心。

托：依托。

幽岩：僻静高峻的山岩。

展素心：指兰花开放，也有实现素来的志向的意思；语意双关。

[岂惜芳馨遗远者] 哪里还吝惜把芳馨的兰花送给远道的友人。

馨：音xīn（新），传得很远的香气。

遗：音wèi（未），赠送。

远者：指小荣原次郎。

[故乡如醉有荆榛] 我的祖国如酒醉一样地酣睡，且到处荆棘丛生。

故乡：故园，指当时的中国。

荆：荆棘，丛生的灌木，多刺。这里指恶草。

榛：音zhēn（真），落叶灌木。这里指恶木。

诗中以荆榛塞道喻国民党黑暗统治。

无　题（"大野多钩棘"）

大野多钩棘，长天列战云。

几家春袅袅，万籁静愔愔。

下土惟秦醉，中流辍越吟。

风波一浩荡，花树已萧森。

【说明】

20世纪30年代初，在国民党反动派实行的反革命军事"围剿"和文化"围剿"下，中国被推进黑暗的境地：荆棘丛生，战云密布，万马齐暗，花树萧疏。通过这幅景象的勾画，对国民党反动派的滔天罪行，给予了抨击和谴责。

鲁迅写这首诗的时候，国民党反动派对红色根据地的第一次反革命军事"围剿"，已经被毛泽东同志领导下的工农红军粉碎。这一年的2月又正在进行第二次反革命军事"围剿"。在国民党统治区里，则实行法西斯专政。反动派内部各派军阀和集团之间，也不断发生火并，战事频繁。"大野多钩棘，长天列战云"就是描写这种黑暗、混乱景象的。同时，与反革命军事"围剿"相配合，又进行反革命文化"围剿"。国民党反动派"禁期刊，禁书籍，不但内容略有革命性的，而且连书面用红字的，作者是俄国的……也都在禁止之列。于是使书店只好出算学教科书和童话……。"（《黑暗中国的文艺界的现状》）

这就是"万籁静愔愔""中流辍越吟""花树已萧森"所概括的情景。

【注释】

本诗作于1931年3月5日，是书赠片山松藻女士的。她是鲁迅的日本友人内山嘉吉的夫人。本诗后收入《集外集》。

[大野多钩棘，长天列战云] 在中国大地上，到处是荆棘，刀光剑影，战火纷飞，黑云沉沉。

钩棘：音 gōu jí（勾吉），亦作"勾戟""钩戟"。古代兵器。

长天：辽阔的天空。

列：布满。

战云：战争的风云。

[几家春袅袅，万籁静愔愔] 在严重的压迫与残酷的剥削下，能有几家过着舒适美好的生活？只见万籁俱寂，一片死气沉沉。

春袅袅：春天的气氛像烟云一样缭绕升腾。这里比喻能够过上舒适、美好的生活。

袅，音 niǎo（鸟），袅袅形容烟气升腾的动态。

万籁：一切自然的音响，籁，音 lài（赖），发音的孔窍。

愔：音 yīn（音），寂静的意思。愔愔，形容寂静的状态。

这两句揭露了在地主资产阶级敲骨吸髓的剥削压榨下，劳动人民日益穷困，生活愁苦，只有少数剥削阶级、国民党官僚政客生活豪华奢侈。也揭露了在国民党反动派的反革命文化"围剿"的压制下，反动宣传嚣张，而进步的、革命的文化事业遭到摧残，全国一片寂静。鲁迅在这年6月13日给曹靖华的信中说："这里对于左翼文艺，是压迫无所不至，然而别的文艺，却全然空洞无物，所以出版界非常寂寥。"（《鲁迅书信集》）

[下土惟秦醉，中流辍越吟] 全国只有花天酒地、醉生梦死的靡靡之音泛滥；一切革命的声音都被压制，所有欢乐的歌唱都归于沉寂。

下土：天下。

秦醉：语出汉朝张衡《西京斌》："昔者大帝说（悦）秦穆公而觐（接见）之，飨（招待）以钧天广乐，帝有醉焉。"诗中引申其义，意指国民党官僚政客和地主资产阶级过着纸醉金迷、花天酒地的生活，国内充塞着腐朽没落的喧嚣与靡靡之音。

中流：江河水流的中心。

辍：音 chuò（绰），停止。

越吟：越国的歌曲。据《史记·张仪列传》：春秋时，有名叫庄舄的越国人，到楚国后，还不忘故国，仍然吟唱越国的歌曲。后演化为泛指爱国之音。这里意指爱国之音、革命之声。

　　[风波—浩荡，花树已萧森] 反革命的狂风恶浪侵袭冲击，花树都已凋残。

　　风波：指国民党的反革命文化"围剿"和法西斯文化统治。

　　浩荡：原意为广大无边，这里意指国民党反动派造成的浩劫。

　　花树：喻革命作家、进步文化。

　　萧森：萧条、冷落。

湘灵歌

　　　　　　昔闻湘水碧如染，今闻湘水胭脂痕。

　　　　　　湘灵妆成照湘水，皎如皓月窥彤云。

　　　　　　高丘寂寞竦中夜，芳荃零落无余春。

　　　　　　鼓完瑶瑟人不闻，太平成象盈秋门。

【说明】

　　这首诗和《送O.E.君携兰归国》、《无题》（"大野多钩棘"）两首诗一起，曾于1931年8月发表在左联领导的刊物《文艺新闻》第二十二期上。发表时，编者加了标题《鲁迅氏的悲愤——以旧诗寄怀》，并加如下按语：

　　"闻寓沪日人，时有向鲁迅求讨墨迹，以作纪念者，氏因情难却，多写现成诗句酬之以了事。兹从日人方面，寻得氏所作三首如下，并闻此系作于长沙事件后，故语多悲愤云。"

　　这个标题和按语，说明了两个问题：第一，这首诗作于长沙事件之后，即1930年夏秋到1931年春之间，1931年3月5日以"现成诗句"书赠片山松元。第二，这首诗"语多悲愤"，是"以旧诗寄怀"，即哀悼长沙事件中壮烈牺牲的烈士们。

1930年，中国工农红军和湘赣红色根据地，在毛泽东同志正确路线的指引下，得到很大的发展。这时，正是"立三路线"统治时期。李立三被胜利冲昏头脑，制定了集中全国红军进攻中心城市以配合武装起义的冒险计划，提出"饮马长江""会师武汉"的错误口号，并强令红三军团硬攻长沙。当时，由于守敌空虚，红军攻入长沙，不久就被迫撤退。但红三军团带去的地方武装一万多人，却没来得及撤出，都被围困在长沙城里，惨遭敌人杀害。长沙地下党组织也因为暴露而遭到严重破坏。从8月到10月，有十四万共产党员和进步分子惨遭杀害。杨开慧烈士就是在这次事件中不幸被捕，11月14日英勇就义的。这就是震惊全国的"长沙事件"。为了哀悼"长沙事件"中牺牲的革命烈士，鲁迅写了这首《湘灵歌》。

湘灵是我国古代优美神话传说中的两个人物，相传她们是尧的女儿、舜的妻子，名叫娥皇、女英。舜在南方巡查时死在湖南的苍梧之野（九嶷山附近）。娥皇、女英二妃十分哀痛，日夜啼哭，泪洒竹上，斑痕点点，这便是湘妃竹。后来，她们都淹死在湘江，成为湘水女神。在风雨晦暝中，她们时常出游水面，鼓瑟悲歌，凄婉哀切，动人肺腑。"长沙事件"发生在湖南洞庭湖畔、湘水之滨，诗人自然地想起湘灵，并借来吟一曲悲歌，寄托对烈士的哀悼，抒发满腔的悲愤。滔滔湘水，昔日碧如染，今天被烈士的鲜血染红。湘灵妆成，临照湘水，只见江水泛着血痕，她那素净的面容由于惊骇和哀痛而更显苍白，映入殷红的江水，就像一轮皓月从红云中窥探出来。这段形象的描绘，虽然没有直接写出烈士的牺牲，却通过湘水变色、湘灵惊骇，抒发了深沉的悲愤与哀思。诗的后半首，通过描写反革命大屠杀和紧接着的白色恐怖，造成"高丘寂寞""芳荃零落"，黑暗死寂笼罩大地的惨景，揭露和控诉了国民党反动统治。这里写的是湖南，也象征着整个旧中国。湘灵悲歌一曲无人闻，却只见国民党反动派制造的虚假的太平景象。

在鲁迅写这首哀诗的三十年后，毛泽东同志写了光辉诗篇《答友人》，也以湖南为背景，也引用了湘灵的典故：

> 九嶷山上白云飞，帝子乘风下翠微。
> 斑竹一枝千滴泪，红霞万朵百重衣。

洞庭波涌连天雪，长岛人歌动地诗。

我欲因之梦寥廓，芙蓉国里尽朝晖。

这光辉诗篇反映了历史的巨变。湘江流水翻新波，湘灵鼓瑟奏新曲。整个中国，"高丘寂寞"变成了"人歌动地诗"，"芳荃零落"变成了"红霞万朵"。"神女应无恙，当惊世界殊"，湘灵所看见的是"芙蓉国里尽朝晖"。

【注释】

关于这首诗的写作年月，目前仍有争议。据《鲁迅日记》，这首诗是1931年3月5日书赠日本友人片山松元的。但有的同志根据前述《文艺新闻》的编者按中所说"作于长沙事件后"，推定此诗作于1930年夏秋之交。1931年3月5日是将旧作写赠日本友人，诗不是当时所作。然而，《鲁迅诗稿》手迹，末后写着"辛未仲春偶作"。据此可基本上定为辛未即1931年春天作。此诗后收入《集外集》。据《鲁迅日记》："如染"原作"于染"，"皎如皓月"原作"皎如素月"，"零落"原作"苓落"。

[昔闻湘水碧如染] 以前听说湘江流水像染过一样碧绿。

湘水：湘江，为湖南省湘、沚、沅、澧四大水系之一。湖南因之简称湘。

碧如染：钱起《归雁》诗："潇湘何事等闲回，水碧沙明两岸苔。二十五弦弹夜月，不胜清怨却飞来。""碧如染"从"水碧沙明"句化来。钱起此诗，鲁迅曾于1931年2月书赠日本友人长尾景和，可见鲁迅甚爱此诗。

[今闻湘水胭脂痕] 今天湘江流水却飘着血痕。

胭脂痕：胭脂为红色，这里意为江水泛着红色。

[湘灵妆成照湘水] 湘灵梳妆完毕临照湘水。

湘灵：神名。《楚辞·远游》："使湘灵鼓瑟兮，令海若舞冯夷。"《水经注·湘水》载：舜到南方巡狩时，帝尧二女娥皇、女英随行，淹死在湘江里，她们的精魂漫游在洞庭湖上、潇湘之滨。

[皎如皓月窥彤云] 像皎洁的月亮从红色的云朵中窥探出来。

皎、皓：都是形容洁白、明亮。

彤云：红色的云。

[高丘寂寞竦中夜] 祖国一片沉寂，像令人惊怖的深夜。

高丘：高山，故国的意思。语出屈原《离骚》："忽反顾以流涕兮，哀高丘之无女。"以高丘象征他所怀念的楚国。又，《楚辞》："声哀哀而怀高丘兮，心愁愁而思旧邦。"王逸注："会高丘之山，想归故国也。"

竦：同悚，音sǒng（耸），恐惧、惊怖。

中夜：半夜。

[芳荃零落无余春] 祖国的优秀儿女遭摧残，像香草零落失去了春天。

芳荃：香草。《离骚》及古代诗歌中，常用来比喻贤德的人。

这里喻指革命烈士，也指革命作家、进步文人、爱国志士。

[鼓完瑶瑟人不闻] 湘灵弹琴奏过哀曲却无人听见。

鼓瑟：弹琴。瑟，我国古代一种弦乐器。

瑶瑟：华美的琴。

[太平成象盈秋门] 虚假的太平景象充塞着南京城。

这里以"秋门"暗指国民党的中央政府所在地南京，也以此象征整个反动统治下的中国。

太平成象：太平盛象，讥刺国民党反动统治下的虚假的歌舞升平景象，粉饰太平，遮掩了法西斯统治的残暴和烈士的血痕。

无题二首（一）

（一）

大江日夜向东流，聚义群雄又远游。
六代绮罗成旧梦，石头城上月如钩。

（二）

雨花台边埋断戟，莫愁湖里余微波。

所思美人不可见，归忆江天发浩歌。

【说明】

这两首《无题》中，第一首揭露了国民党反动派内部分崩离析的情况，指出蒋家王朝必将和历代封建王朝一样归于灭亡。1931年，国民党反动统治内部，蒋介石集团同孙科、胡汉民、王宠惠、林森等各派系之间，发生了争权夺势的狗咬狗争斗。各派头子在政治斗争中失败后就走出南京，有的窜上海，有的奔广州。"聚义群雄又远游"，以讥刺的语句揭露了敌人的内斗。"六代绮罗成旧梦，石头城上月如钩"，弯月如钩，灰暗阴冷，照见六代陈迹，活画了蒋介石反动统治的一幅死灭凄冷景象，预示必将和它的前朝一样，消失在历史长河之中。元人萨都刺作《登石头城·调寄念奴娇》词："石头城上，望天低吴楚，眼空无物。指点六朝形胜地，惟有青山如碧。连云樯橹，白骨粉如雪。"描述了六朝繁华已如烟、封建王朝一个个覆灭的景况。鲁迅描画了和这首词类似的图景，但思想境界则根本不同：鲁迅不是慨叹历史的兴衰、发思古之幽情，而是揭示国民党反动统治必然灭亡的历史命运。

第二首抒发了对于被国民党反动派杀害的革命烈士的深沉哀悼与怀念之情。雨花台是当时国民党反动派杀害革命者的刑场，莫愁湖是南京的历史名胜。诗中点出这两个地方，就是以南京为背景，衬托出革命与反革命，中国共产党同国民党反动派的激烈斗争。这是一首感情深沉真挚的革命抒情诗。

无题二首连在一起，在勾画了国民党反动统治分崩离析、清冷凄凉的景象，指出他们必然覆灭的命运之后，接着便抒发了对革命烈士的深切哀悼和怀念之情，对于革命风暴来临的热切期望，盼望早日推翻蒋家王朝。

仅仅18年后，在毛泽东同志和周恩来、朱德同志的亲自领导和指挥下，百万雄师过大江，解放了南京城，结束了国民党反动派22年的血腥统治，蒋家王朝像六代封建王朝一样覆灭了。巍峨的南京城，永远结束了封建帝王京城的历史，进入了新的历史时期。再不是"石头城上月如钩"，而是"虎踞龙盘今胜昔"。日夜东流的长江波涛，荡涤尽"六代绮罗"，冲溃了国民党反动统治，鲁迅当年"所思"的"美人"，已经成为新中国的主人，开创了历史新篇章。雨花台成为风景名胜区，建设得繁华而美好，莫愁湖碧波荡漾，南京城已经成为欣欣向荣的社会主义名城。

【注释】

本诗作于1931年6月14日，是书赠日本友人的。前一首书赠日本友人宫崎龙介，后一首书赠宫崎的夫人白莲女士。这两首诗后收入《集外集》。

（一）

[大江日夜向东流] 滚滚长江日夜向东流。

大江：指长江。

苏轼《念奴娇》词，有"大江东去，浪淘尽，千古风流人物"句。鲁迅在这里用大江日夜东流句，暗指大浪淘沙，将冲毁国民党反动统治。

[聚义群雄又远游] 搭伙的强盗们一个个散伙远走。这句揭露了国民党反动派各个派系之间的争斗和分崩离析的状况。

聚义群雄：占山扎寨的强盗们，指国民党反动派各派系的头子。这里是褒义词反用。

远游：失势的各派系头子们纷纷出走。鲁迅写这首诗的前几个月，国民党反动派各派系之间发生了不断的狗咬狗争斗。蒋介石拘禁政敌胡汉民；王宠惠、孙科辞职走上海；西南派林森等人弹劾蒋介石，并在广州另立"国民政府"。

[六代绮罗成旧梦] 六朝时代的兴盛繁华都已经梦一样逝去。意思是国民党反动统治也将同六朝一样成为历史的陈迹。

六代绮罗：六代指三国的吴、东晋、宋、齐、梁、陈，它们曾先后建都于南京。这几个朝代都曾烜赫一时，史书上有所谓"六代豪华"之称。绮罗，绫罗绸缎，比喻繁华。

绮，音qǐ（起），华丽的丝织品。

[石头城上月如钩] 一钩残月照在石头城上。

这句勾画出一幅清冷阴暗的画面：如钩残月，月色昏暗，笼罩着死寂的南京城。

石头城：即南京。石头城故址在今南京市西石头山后面。

（二）

［雨花台边埋断戟］雨花台边埋藏着断残的武器。

断戟象征牺牲的革命烈士，对他们致以深切的悼念。

雨花台：在南京城南聚宝山上，以产美丽的雨花石而得名。国民党反动派把这里作为刑场，在国民党反动统治的22年期间，先后有十几万共产党员和革命群众牺牲在这里。中华人民共和国成立前这里是革命者凭吊烈士、激励革命斗志的处所。敬爱的周恩来同志1946年在南京与国民党反动派进行谈判斗争时期，在紧张繁忙的工作中，还抽空与邓颖超同志来到这里，瞻仰烈士遗迹。每次都拣一些雨花石回来，放在中共代表团驻地梅园新邨30号的客厅桌子上的一个碗里，以表达对革命烈士的悼念并教育革命同志。

［莫愁湖里余微波］莫愁湖里余波荡漾，象征着革命影响的留存。

莫愁湖：南京城的历史名湖，在南京城水西门外。相传六朝时有女子卢莫愁曾在湖边居住。

［所思美人不可见］所思念的战友和同志已经不能见到。

美人：喻贤德之士。《楚辞》：《九歌·少命司》："望美人兮未来，临风恍兮浩歌。"诗中"美人"喻被杀害的革命烈士。

［归忆江天发浩歌］归来追忆海天辽阔而慷慨悲歌。

江天：描写天地广阔的意境。

浩歌：放声歌唱，慷慨悲歌。

送增田涉君归国

扶桑正是秋光好，枫叶如丹照嫩寒。

却折垂杨送归客，心随东棹忆华年。

【说明】

鲁迅这幅挂轴的手迹，已成为中日文化交流和传统友谊源远流长的证明。它表明，鲁迅生前曾为中日两国人民之间的友谊作出了可贵的贡献。

1931 年 4 月，当时只有 27 岁的青年学者增田涉，从日本来到上海，请鲁迅为他讲解《中国小说史略》，准备将它译成日文。鲁迅每天给他讲解三小时，一直持续了三个月。他归国前，鲁迅写了这首诗赠别。增田涉归国后仍然不时来信，向鲁迅质疑问难；鲁迅也不断地给他以耐心细致的解答。1935 年，增田涉翻译的日译本《中国小说史略》出版，鲁迅为之作序，表示"非常高兴"。在出版前，增田涉曾说这本书不是他一个人的力量所能翻译的，表示要以与鲁迅合译的名义出版。但鲁迅很谦虚，没有同意。

增田教授直至逝世前，一直珍藏着鲁迅从 1932 年直至 1936 年逝世前写给他的亲笔信、亲笔落款送给他的书籍及赠给他孩子的礼物。

鲁迅在题诗给即将归国的增田时，表达了深深的惜别之情；而且怀着美好的感情，追忆自己在日本度过的青春时代。怎能忘记藤野先生？他是鲁迅在仙台医学院的老师。当时，鲁迅作为一个弱国的留学生，受到一些因受军国主义思想毒害、怀有民族偏见的人的歧视。但藤野先生却给鲁迅以热诚的关怀和严谨的教导。鲁迅后来写了《藤野先生》，来追念这位青年时代的老师。当鲁迅决心弃医习文向藤野告别时，他送给鲁迅一张自己的相片，并在后面亲笔题上"惜别"二字。

今天，鲁迅的铜像耸立在仙台市的广濑河畔、青叶山麓。而藤野先生题给鲁迅的"惜别"二字镌刻在藤野先生的故乡——福井县——足羽山巅的石碑上。

当鲁迅离开日本22年之后，一位年轻的日本学者来到上海向他求教。这时，虽然鲁迅已经成为中国文化革命的主将、世界著名的作家，却欣然接待了这位素不相识的异国青年学者，而且慨然允诺了他的请求，在紧张的战斗生活中，以藤野先生当年关心爱护他的精神，来给增田单独讲课，数月辍。增田后来谈到当时印象说："跟先生接触，我丝毫没有感觉先生使人生畏、令人拘谨。他以一种和蔼的长辈的态度接待我，使我受到了教益。"这年12月增田回国，鲁迅又像藤野先生当年一样，写下了一首深情惜别的诗章。增田说："这首诗充满了鲁迅对日本人民的深厚的友好感情。"这挂轴不仅挂在增田教授的书房里，而且印在中日两国人民的心上。

藤野先生对鲁迅和鲁迅对增田的深情挚意，在中日文化交流史上写下了光辉的一页，成为中日两国人民之间友好情谊的生动反映。

佳话传久远，新谊结万代。

鲁迅与增田交往时，正是九一八事变以后，日本帝国主义加紧侵略东北的时期。但是，鲁迅明确地认为，侵略中国的是日本帝国主义统治集团，而不是日本人民；他坚持与日本人民友好交往。在这首诗里，鲁迅以优美的笔调，勾画了日本风光，朴实诚挚地表达了惜别之情。最后一句"心随东棹忆华年"，联系到鲁迅的经历和当时的处境，含义丰富而深刻。鲁迅在日本度过青年时代，在那里走上他战斗一生的征途，开始了伟大文化战士的斗争生涯。当他送别一个来自日本、与自己当年同样年纪的学者时，他怎能不念往事、忆华年？可能还会想起《自题小像》中的诗句，缅怀过去，正视现在，他有沉痛的感慨。眼前是中日两国交恶，中国遭到日本帝国主义的侵略和奴役；中国在国民党反动统治下，依然是"风雨如磐"，自己则遭到严重迫害，斗争艰险；想重游日本，但不忍离开苦难深重的祖国，不能离开当前激烈的阶级斗争。而且，去到日本，也不能见容于日本帝国主义者。在这里，"忆华年"，暗含着"看眼前"的意思：年华似水不可追，青年时代的斗争决心没有变，眼前环境险恶压迫重，当年献身精神不可改。

【注释】

本诗作于1931年12月1日，是为送增田涉归国而作，后收入《集外集》。

增田涉（1903—1977），是鲁迅晚年交往密切的日本友人。1977年5月逝世。他是日本岛根县人，1929年毕业于东京大学。1931年经内山完造介绍，在上海与鲁迅相识，为翻译鲁迅的《中国小说史略》向鲁迅朝夕请教，达数月之久。回国后仍与鲁迅书信往来。1932—1936年鲁迅给他的58封信，曾在日本发表。1961年寄赠许广平，现存鲁迅博物馆，已出版《鲁迅致增田涉书信选》。

1936年，鲁迅患病，增田涉专程来上海探望。新中国成立后，增田涉曾多次访华，对中国一直采取友好态度。增田涉是日本著名的鲁迅研究家和中国文学研究家。曾翻译鲁迅《中国小说史略》《呐喊》《彷徨》及杂文等著作；还著有《鲁迅的印象》《鲁迅传》《鲁迅指南》《中国文学史研究》等书。40多年来，他一直致力于介绍鲁迅、研究鲁迅、宣传鲁迅。

关于鲁迅赠他的这首诗，增田曾有这样一段记述："当我在上海游学结束即将回国时，鲁迅写了一首送别诗：（诗略）……这首诗的末句'心随东棹忆华年'，流露出他对度过年轻时日的日本天地的怀念之情。记得我问过鲁迅：'你不想再到日本一次看看吗？'他回答：'我是想去看看。'这是昭和六年（1931年）的事，那时鲁迅已经51岁，已经二十多年没去日本。当我知道鲁迅要到日本来的心情后，在内心里总是抑制不住那种无限的喜悦。"（增田涉：《鲁迅的印象》）

[扶桑正是秋光好] 日本现在正是秋色宜人的季节。

扶桑：我国对日本的旧称。

[枫叶如丹照嫩寒] 枫树的红叶映照在秋末的轻寒之中。

枫叶如丹：枫叶每到秋天，红艳可爱。在日本，秋天有登山看红叶的习惯，其时，有如春天看樱花的盛况。

[却折垂杨送归客] 正在这时却折下杨柳送别归国的友人。

我国古代有折杨柳送别以示依依不舍的习惯，诗词里常以攀折杨柳为送别、惜别的象征。

[心随东棹忆华年] 我的心随着东去的船只，追忆在日本度过的青

春时代。

棹：音zhào（照），摇船的用具，也指船。

华年：美好的青春时代。

当时，鲁迅正受到国民党反动派的种种迫害，甚至风传将遭到逮捕、杀害。在日本的友人，曾写信请他避居日本。鲁迅在给李秉中的信中说："生丁今世，正不知来日如何耳。东望扶桑，感怆交集。"（《鲁迅书信集》）"忆华年"句，表达了这种感慨。

无　题（"血沃中原肥劲草"）

血沃中原肥劲草，寒凝大地发春华。

英雄多故谋夫病，泪洒崇陵噪暮鸦。

【说明】

这首诗的前半首是一首含义深刻、铿锵有力的颂歌，它用遒劲有力的笔触，以革命乐观主义精神，歌颂了中国共产党领导下的红色革命根据地和工农红军的发展壮大；歌颂了共产党人和革命力量在斗争中成长。同时，它的后半首是一首讽刺诗，以典型形象的刻画，揭露了国民党反动派内部矛盾重重、分崩离析，一幅日暮途穷的景象。前半首的歌颂与后半首的讽刺，互相衬托，对比强烈：光明在黑暗中更显出光华万丈；黑暗在光明对照下，更见其死气沉沉。

在鲁迅写这首诗的时候，毛泽东同志领导红军，粉碎了国民党反动派一次比一次规模更大的三次反革命"围剿"，红色根据地日益巩固，工农红军越战越强。然而，国民党反动派不甘心于失败，仍然高喊"攘外必先安内"，对日投降卖国，对内"围剿"红军，反共反人民。从九一八事变以来，日本帝国主义的侵略，由东北而华北，步步进逼，日甚一日。在民族危难之际，全国人民在中国共产党领导下，掀起了抗日救亡运动的热潮。而国民党反动派竟举起屠刀，血腥镇压人民的爱国运动。国民党反动派在反革命军事"围剿"中烧杀淫掠；在白区"杀人如草不闻声"，使革命者和人民的鲜血洒遍中华，使中国大地如冰雪凝结。但是，中国共产党人、中国工农红军、红色根据地，像劲草，在与反革命疾风的搏斗中，更加茁壮成长，傲然挺立；如春花，冲破冰雪凝结的大地，灿烂开放。鲁迅以劲草、春花来象征、歌颂中国共产党人和革命根据地。而鲁迅自己，也正是在与反革命疾风的搏斗中生长的最强劲的"劲草"。周恩来同志在抗日战争初期，在武汉举行的鲁迅逝世两周年纪念大会上发表演说，曾经用"疾风知劲草"来歌颂赞扬鲁迅，号召人民学习鲁迅的彻底革命精神。

鲁迅在白色恐怖笼罩下的上海，心向毛泽东同志，心向共产党，把最美好的颂歌献给党和毛泽东同志，把希望寄托在他们身上。

在后半首，笔锋一转，以辛辣的讽刺语言，形象化的勾画，揭露了国民党反动派内部矛盾重重，互相咬斗，如乌鸦鼓噪的黄昏，已经日薄西山。就在1931年九一八事变以后，到鲁迅写这首诗的时候，国民党反动派中蒋介石、汪精卫、胡汉民等各派系之间在狗咬狗的争斗中，抓住"谁卖国"这个全国人民瞩目的问题，互相揭露，明争暗斗。在日本帝国主义的进逼面前，"又要当婊子，又想立牌坊"，互相指责卖国，又叫嚷要"共赴国难"，以欺骗群众，捞取政治资本，以便夺得更大的卖国权力。他们把这种互相攻讦称为"言词争执"。鲁迅在写这首诗的同时，写了《"言词争执"歌》给予公开的揭露和讽刺："一中全会好忙碌，忽而讨论谁卖国，粤方委员叽哩咕，要将责任归当局。吴老头子老益壮，放屁放屁来相嚷，说道卖的另有人，不近不远在场上。有的叫道对对对，有的吹了嗤嗤嗤，嗤嗤一通不打紧，对对恼了皇太子，一声不响出'新京'，会场旗色昏如死。""只差大柱石，似乎还在想火并，展堂同志血压高，精卫先生糖尿病，国难一时赴不成……。"（《集外集拾遗》）

【注释】

本诗作于1932年1月22日，是书赠日本友人高良富子女士的。她是日本的一位教授，曾在上海居留，与内山完造、鲁迅都有往来。本诗后来收入《集外集》。

［血沃中原肥劲草］人民的鲜血洒遍中华，浇灌了革命的劲草茁壮成长。鲁迅在《中国文坛上的鬼魅》中谈到这时期的文学情况时指出："但是，革命青年的血，却浇灌了革命文学的萌芽，在文学方面，倒比先前更其增加了革命性。"（《且介亭杂文》）

沃：浇灌。

中原：并不单指中原地区，有代表全中国的意思。

［寒凝大地发春华］严寒使大地冻结，但春花却斗寒而发。

寒凝大地：指国民党反动派统治下的中国，有如寒冻凝结大地。

春华：同春花。

［英雄多故谋夫病］国民党"英雄好汉"们矛盾重重，反革命谋臣策士们病病痛痛。

英雄多故：英雄，反语，讥刺国民党反动派头目们。多故，指他们之间矛盾重重，互相争斗。在写这首诗之前几个月的1931年下半年，以蒋介石为头目的南京国民党新军阀集团，同以两广军阀为依托的国民党大政客胡汉民之间的长期对立，终于发展为混战局面。同年12月10日，另一个亲日派头子汪精卫通电主张宁（南京）粤（广东）双方和谈；15日，蒋介石被迫辞去国民政府主席兼职；21日，国民党亲美派头子、大财阀宋子文辞去财政部长职务；22日，蒋介石被迫下野，飞往奉化。这一连串事件，反映了国民党反动派内部的互相争夺、分崩离析。

谋夫病：国民党的谋臣策士们有"病"，这是对汪精卫、胡汉民等人的讥刺。国民党四届一中全会开场时，汪、胡称病不出席。鲁迅在《"言词争执"歌》中所写"展堂同志血压高，精卫先生糖尿病"，可做"谋夫病"的注脚。

［泪洒崇陵噪暮鸦］日暮黄昏，乌鸦归巢。在鸦噪声里，有人对着孙中山陵墓垂泪而泣。

泪洒崇陵：崇陵，高高的陵墓，指南京紫金山上的中山陵。当时南京国民行政院长孙科曾到此演出"哭陵"丑剧。

噪暮鸦：黄昏时分，乌鸦成群鼓噪。这是对国民党反动派的辛辣讽刺，他们互相詈骂攻讦，好像群鸦乱噪。

偶　成

文章如土欲何之，翘首东云惹梦思。

所恨芳林寥落甚，春兰秋菊不同时。

【说明】

时当1932年3月，国民党反动派为配合其规模越来越大的反革命军事"围剿"，日甚一日地进行反革命的文化"围剿"。左翼文艺运动受迫害，进步文化事业横遭摧残，革命作家被囚禁、被杀戮。鲁迅也遭到重重迫害。1930年，国民党曾以"浙江省党部"的名义通缉鲁迅，诬蔑鲁迅是"堕落文人"；1932年又无故裁销鲁迅的大学院"特约撰述员"。他的文章越来越难于发表，著作的出版也受到禁压。反动文人、记者更造作种种谣言，进行无耻的攻击、告密、陷害。在国民党反动派屠杀革命者的黑名单中也列入了鲁迅的名字。当时，鲁迅不但政治上受到严重迫害，而且由于文章不能发表，著作难于出版，在经济上也颇为窘困，不得不为生活计，考虑自身的去处问题。当时，曾有友人请鲁迅去日本避难和休养。日本是鲁迅度过整个青年时代的地方，那儿水木明瑟，也是疗养的好处所。但是，军国主义统治下的日本，正疯狂侵略中国，一心要变中国为它的殖民地。鲁迅不愿去此敌国，而且，以他的爱国抗日的言论，他在进步文化界和中国人民中的崇高威望，都不会见容于日本帝国主义政府。所以他说："日本还不是可以讲真话的地方"，而他又不愿"为生活而写作"，因此，"虽很想去日本小住"，却又"决定还是作罢为好"。他也考虑过重回北平。那儿是他战斗过的地方，有不少老战友、老同事、老同学在那里。特别是北平有较好的图书馆，对于他实现写作《中国文学史》《中国文字变迁史》等学术著作的夙愿，大有用处。而写作这种学术著作，招来的压迫可能也会小些。但是，当时的北平已经处于日本帝国主义侵略的严重威胁之下，那里文化界、教育界的反动势力，视鲁迅为怨敌，势必极力排斥、打击。更主要的是，鲁迅不愿离开上海这个斗争的前线，不愿放下杂文这个敌人十分畏惧的投枪和匕首。为名利和生活打算，从事学术研究，"披上学术的华衮"，安全可靠。但从革命利益、战斗需要考虑，却是逃避现实，回避斗争。名利为鲁迅所鄙弃，从来不屑一顾，连世界多少名流文人学者追求的诺贝尔文学奖金，他都断然拒绝了；现实斗争却是他绝不肯稍离咫尺的。所以，他也毅然放弃了回北平的计划。在当时给增田涉的信中，鲁迅写道："我本拟去北京，但终于作罢，照旧坐在这张桌前。"至于归故乡，去杭州，脱离斗争前线更远，形似退隐，更不在考虑之列了。

诗中"文章如土欲何之"一句，正是概括了前述种种境况，抒发了横遭迫害、转辗无地的内心愤慨。但"欲何之"，语出悲愤，意在控诉，却并非真的不知何处去。事实上，鲁迅毫无利己之心，抛弃一切个人打算，已决意留在斗争的前沿，在艰险的环境中战斗。

鲁迅对敌人的憎恨，不仅仅是因为压迫自己，更由于在国民党反动统治的压迫摧残下，祖国已是"芳林寥落"。末句是对于国民党法西斯统治的诅咒和鞭挞，同时，含有对于将来的新世界的希望和追求：到那时，必将是芳林繁茂、百花齐放，"春兰秋菊"、夏荷冬梅四季盛开。

【注释】

本诗写于1932年3月31日，是书赠沈松泉的。后收入《集外集》。

[文章如土欲何之] 文章被视如尘土，我将到哪儿去好呢？

文章如土：文章如尘土。是对当时文章不能自由发表，动辄遭到国民党反动派的禁压、删改、砍削所发。

同年3月20日，即写此诗的前11天，鲁迅在给李秉中的信中说："……当虚室时，偷儿亦曾惠临，计择去衣服什器约二十余事，……书籍纸墨皆如故，亦可见文章之不值钱矣。"可参考。

欲何之：想要往哪儿去？这是激愤的反问语。

[翘首东云惹梦思] 抬头远望东边的云彩，惹起对往事的追忆。

翘首：抬头。

东云：这里借指日本。

惹梦思：当年4月13日，即作此诗后十几天，鲁迅在给内山完造的信中说："早先我虽很想去日本小住，但现在感到不妥，决定还是作罢为好。……依我看，日本还不是可以讲真话的地方，一不小心，说不定还会连累你们。"据此，可知"惹梦思"，即指欲去日本而不可能。

[所恨芳林寥落甚] 可恨在国民党反动统治下，文化园地里芳草花树被摧残得稀疏零落。

[春兰秋菊不同时] 春天的兰花和秋天的菊花不能同时开放。

春兰秋菊，喻革命作家、进步文人。兰花，淡雅幽香；菊花，傲霜而开，向来在诗词中与梅花同为吟咏对象，用来比喻品德高洁的人。这句是暗喻革命作家、进步文人不断遭受残酷迫害，不能济济于一堂。

自　嘲

运交华盖欲何求，未敢翻身已碰头。
破帽遮颜过闹市，漏船载酒泛中流。
横眉冷对千夫指，俯首甘为孺子牛。
躲进小楼成一统，管他冬夏与春秋。

【说明】

毛泽东同志对这首诗给予了高度评价，并教导我们："一切共产党员，一切革命家，一切革命的文艺工作者，都应该学鲁迅的榜样，做无产阶级和人民大众的'牛'，鞠躬尽瘁，死而后已。"（《在延安文艺座谈会上的讲话》）毛泽东同志对这首诗还作了极为精辟的解释，指出："鲁迅的两句诗，'横眉冷对千夫指，俯首甘为孺子牛'，应该成为我们的座右铭。'千夫'在这里就是说敌人，对于无论什么凶恶的敌人我们决不屈服。'孺子'在这里就是说无产阶级和人民大众。"

"横眉冷对千夫指，俯首甘为孺子牛"两句，是全诗的主要内容、主要精神。前四句，概括了国民党反动派对他的严重迫害，表现了自己坚强不屈的斗争决心和意志。后四句表达了对敌人的蔑视，对无产阶级和人民大众的无限忠贞，以及与敌人斗争不息的战斗风貌。郭沫若同志称赞这首诗说："如'横眉冷对千夫指，俯首甘为孺子牛'，虽寥寥十四字，对方生与垂死之力量，爱憎分明，将团结与斗争之精神，表现具足。此真可谓前无古人，后启来者。"（《〈鲁迅诗稿〉序》，上海人民美术出版社，1961年9月第1版，第1-2页）。

国民党反动派在进行反革命文化"围剿"中，对伟大的无产阶级革命战士、文化革命的英勇旗手鲁迅，进行了不断的、卑劣的、越来越甚的攻击、陷害、压迫，情况已见前诗"说明"。由于累遭迫害，鲁迅的生活很不安定，行动很不自由，并曾几次出走避难。1930年3月遭通缉后，离家出走十几天。1931年1月间，因柔石被捕事件，全家居旅馆一个多月。1932年1月"一·二八"淞沪战役中，住处遭枪炮轰击，又移居内山书店一些日子。同时，反动文人、新闻记者不断地在反动报刊上造谣中伤，散布流言蜚语，极尽攻击陷害之能事。他们诬蔑鲁迅是"汉奸"，"拿卢布"，嘲骂他"投降"，把他列入"文坛贰臣"之中，咒骂他得了脑膜炎，谣传他已经被捕或逃走，甚至胡说鲁迅"领到当今国民政府教育部大学院之奖赏"，用来替儿子庆贺周年，大开"汤饼会"。正如鲁迅所指出的："但在中国，却确是谣言也足以谋害人的。"这些阶级敌人就是企图以谣言来谋害鲁迅。此诗前四句，概括地描述了这种艰危的处境，控诉了国民党反动派对他的迫害。此诗题作《自嘲》，实际是嘲笑敌人。面对敌人的重重压迫，鲁迅是无所畏惧的。正如毛泽东同志所指出的："鲁迅的骨头是最硬的，他没有丝毫的奴颜和媚骨，这是殖民地半殖民地人民最可宝贵的性格。鲁迅是在文化战线上，代表全民族的大多数，向着敌人冲锋陷阵的最正确、最勇敢、最坚决、最忠实、最热忱的空前的民族英雄。"（《新民主主义论》）

这首诗以形象的笔触，生动具体地描述了鲁迅十几年来的战斗经历和遭迫害的情状，坚定有力地表述了他对敌人恨、对人民亲的爱憎分明的感情。全诗思想深邃，感情饱满，形象鲜明，比喻贴切。诗人把自己的心熔铸在这首诗里了。关于这首诗，内山完造曾有这样一段动人的追忆：

"……先生那时在国内其实是处于四面八方围攻中，在孤军奋斗着。那时先生曾把一首述怀拿给我看：

"横眉冷对千夫指，

"俯首甘为孺子牛。

"听了先生的说明，我哭了。当我抬起泪痕满面的头时，我看到先生也哭了。然而先生的眼泪和我的眼泪肯定是不同的。"（内山完造《花甲录·参观鲁迅故居》）。

【注释】

本诗作于1932年10月12日，是为柳亚子所书的条幅。关于这首诗的写作经过，《鲁迅日记》有所记载。1932年10月5日记："晚达夫、映霞、招饮于聚丰园，同席为柳亚子夫妇、达夫之兄、林徽音。"同年10月12日又记："午后为柳亚子书一条幅，云：'（诗略）'。达夫赏饭，闲人打油，偷得半联，凑成一律以请，云云。"此诗后收入《集外集》。

柳亚子（1887—1958）：江苏吴江人，近代诗人，南社创始人之一，爱国民主人士。

[运交华盖欲何求] 交了倒霉的华盖运，还能希求什么？

关于"华盖运"，鲁迅在《华盖集·题记》中解释说："我平生没有学过算命，不过听老年人说，人是有时要交'华盖运'的。……这运，在和尚是好运：顶有华盖，自然是成佛作祖之兆。但俗人可不行，华盖在上，就要给罩住了，只好碰钉子。"这是鲁迅对敌人的讽刺。

华盖：原为星名，我国古代星相家鼓吹交了华盖运，就是吉星照命。

[未敢翻身已碰头] 还没敢翻身就已经碰着了头。比喻遭到国民党反动派的种种迫害，行动、写作都没有丝毫的自由。

碰头：鲁迅有时称为碰壁。据周建人同志记述，他的大女儿小时候有一次说鲁迅的鼻子扁平得很，鲁迅幽默地说："碰了几次壁，把鼻子碰扁了。"又说："你想，四周都是黑洞洞的，因为太黑暗了，所以就容易碰壁。"

[破帽遮颜过闹市] 头戴破帽挡住面孔走过闹市。形容当时行动很

不自由，遭到国民党特务的追缉、压迫。鲁迅在1933年6月给榴华社的信中说："……此地盛行白色恐怖，仅仅主张保障民权之杨杏佛先生，且于前日遭了暗杀，闻在计划杀害者尚有十余人。我也不能公然走路……"（《鲁迅书信集》）同年10月在给曹靖华的信中又说："而很激烈的青年，一遭压迫，即一变而为侦探的也有，我在这里就认识几个，常怕被他们碰见。"（《鲁迅书信集》）

破帽：鲁迅平生艰苦朴素，衣着简陋。他的老友马幼渔先生的女儿马珏在《初次见鲁迅先生》一文中有这样的记述："看见衣架上挂了一顶毡帽，灰色的，那带子上有一丝一丝的，因为挂得高，看不出是什么，踮起脚一看，原来是破得一丝一丝的。"诗中"破帽遮颜"句，是写实之笔。

［漏船载酒泛中流］漏船载着酒到急流中浮游。意思是随时有沉船的危险，喻身处危险境地。

［横眉冷对千夫指］对敌人怒目而视，坚强不屈。这是鲁迅一贯的崇高品德。他在许多文章与书信中，都表示过对敌人的高压、迫害的蔑视和顽强战斗到底的决心。1933年6月在给日本友人信中说："可能还有很多人要被暗杀，但不管怎么说，我还活着。只要我还活着，就要拿起笔，去回敬他们的手枪。"（《鲁迅书信集》）

千夫指：鲁迅在给李秉中的信中曾有"千夫所指，无疾而死"句。语出《汉书王嘉传》："里谚曰：'千人所指，无病而死。'"千夫，许多人；指，指责。在本诗中，千夫意指敌人。千夫指，意为各类敌人的造谣中伤、攻击诬蔑。

［俯首甘为孺子牛］低着头，甘心情愿当人民大众的牛。

孺子牛：语出《左传·哀公六年传》："女（汝）忘君子之为孺子牛而折其齿乎？"

孺子，齐景公的儿子。齐景公曾跟儿子嬉戏，口衔着绳子，学做牛，让儿子牵着走。儿子跌倒，把齐景公的牙齿拉折。

鲁迅在这里比喻自己愿做无产阶级、人民大众的"牛"。鲁迅曾对人说："我好象一只牛，吃的是草，挤出的是牛奶、血。"在《〈阿Q正传〉的成因》中更有详细的描述："譬如一匹疲牛吧，明知不堪大用的了，但废物何妨利用呢，所以张家要我耕一躬地，可以的；李家要我挨一转磨，也可以的；赵家要我在他店前站一刻，在我背上贴出广告道：

敝店备有肥牛，出售上等消毒滋养牛乳，我虽然深知道自己是怎么瘦，又是公的，并没有乳，然而想到他们为张罗生意起见，情有可原，只要出售的不是毒药，也就不说什么了。"（《华盖集续编》）

鲁迅一生，为了提携青年作家，扶植进步青年文学团体，以培养新的文艺战士，不遗余力，真是像辛勤的园丁。他给他们看稿、改稿、校对、作序、推荐作品、介绍、帮助出版，有时还自己出资印行。为了帮助青年木刻家成长，给他们请外国木刻家讲课，亲自担任翻译。同时，与青年作家、艺术家通信，写了大量信件，从思想上、艺术上给予教育和指导，虽在病中也不辞辛劳。这是鲁迅"俯首甘为孺子牛"的一个重要方面。

［躲进小楼成一统］躲进我的小楼，我也有一个一统小天下。意思是不管敌人的禁压和迫害，仍然坚守战斗阵地，革命的意志不改变，斗争的决心不动摇。也含有对于国民党反动政权"一统天下"的讽刺。

［管他冬夏与春秋］管他是冬夏还是春秋。

冬夏、春秋：喻政治气候的变化。意思是，不管国民党反动派如何实行白色恐怖，打击迫害不遗余力，政治气候风云变幻，仍然要斗争不懈，永远进击。

春秋：也有褒贬的意思，即"春秋笔法"。这句诗意为不管敌人及其走狗文人，如何咒骂、诬蔑，制造谣言与流言蜚语，仍然报之以轻蔑，回答以战斗。鲁迅在给郑振铎的信中有一段话，可为注脚："我现在得了妙法，是谣言不辩，诬蔑不洗，只管自己做事，而顺便中，则偶刺之。他们横竖就要消灭的，然而刺之者，所以偶使不舒服，亦略有报复之意云尔。"（《鲁迅书信集》）

所　闻

华灯照宴敞豪门，娇女严装侍玉樽。
忽忆情亲焦土下，佯看罗袜掩啼痕。

【说明】

这是一幅生动逼真而凄切感人的画面。它刻画了一个卖唱的女郎，在国民党官僚政客和地主、资产阶级灯红酒绿的宴席上，侍酒卖唱。她面对着这帮吸血鬼荒淫无耻、挥霍无度的生活，忽然想起在焦土之下，转辗在死亡线上的故乡亲人，不禁泪珠纵横。但是，又怕被人看见，只好装作低头看丝袜来遮掩。这种连哭泣的自由也没有的奴隶生涯，更具有一层特殊的悲哀色彩。

中华人民共和国成立前的上海，是一个典型的殖民地、半殖民地的现代化城市。在这里，一面是帝国主义者和"高等华人"的荒淫与无耻；一面是劳动人民的悲惨与苦难。它是冒险家的乐园，地主、资产阶级的天堂，是劳动人民的地狱。这里生活着一批靠卖身糊口的女性，她们许多人是流落在上海滩的农村妇女。当时，在国民党反动统治下，在地主、资产阶级的残酷剥削压迫下，灾荒连年，农村凋敝，广大农民卖儿卖女，流落他乡。在国民党实行反革命军事"围剿"的地区，在国民党各派军阀混战及日本帝国主义侵略的地区，烧杀掳掠，飞机轰炸，劳苦农民被弄得家破人亡，逃奔他乡。他们之中那些孤儿寡女被卖、被拐、被骗到城市卖唱为生，跌入火坑。这首诗像一幅速写画似地刻画了这样一个不幸的女郎；通过她的不幸，揭露了国民党反动统治的罪恶，控诉了官僚政客、剥削阶级荒淫无耻的生活，倾吐了劳动人民的哀怨与仇恨。

【注释】

本诗作于 1932 年 12 月 31 日，是为内山完造的夫人内山真野题字作纪念的，后收入《集外集》。题作《所闻》，知为据所闻事实，加工提炼而成。

[华灯照宴敞豪门] 豪富人家敞着大门，里面在华灯照射下大摆酒宴。

华灯：雕琢装饰得华丽的灯。

豪门：指国民党反动派官僚政客和地主、资产阶级的权贵富豪之家。

[娇女严装侍玉樽] 少女装束端整在酒席上侍酒招待。

玉樽：玉做的酒杯。这里指华贵的酒杯。樽，音 zūn（尊），古代盛酒的器具。侍玉樽，意为招待、侍候阔人老爷们饮宴。

[忽忆情亲焦土下] 忽然想起家乡亲人还在被国民党反动派烧杀抢掠、已成一片焦土的土地上挣扎过活。

当时，国民党反动派残酷搜刮农村以支持其反革命军事"围剿"，维持反动政权；同时，水旱灾荒，连年不断，造成赤地千里。在反革命军事"围剿"中，对湘、鄂、赣等革命根据地实行烧光、杀光、抢光的"三光"政策，甚至轰炸红区，使这里成为一片焦土。

情亲：至亲骨肉。

[佯看罗袜掩啼痕] 假装低头看脚上的丝袜来遮掩哭泣。

佯：音 yáng（羊），假装。

罗袜：丝袜。

啼痕：泪痕。

无题二首（二）

（一）

故乡黯黯锁玄云，遥夜迢迢隔上春。
岁暮何堪再惆怅，且持卮酒食河豚。

（二）

皓齿吴娃唱柳枝，酒阑人静暮春时。
无端旧梦驱残醉，独对灯阴忆子规。

【说明】

　　1932年12月31日，鲁迅为日本友人写了这两首诗。在这年终岁末的日子里，鲁迅很自然地回顾这一年的国内状况，他的眼前出现的是外敌侵略、国土沦丧、民族垂危、人民颠沛流离，革命者遭受禁压屠杀的景象。"故乡黯黯锁玄云，遥夜迢迢隔上春。"这便是当时国内情状的写照。1932年，蒋介石集团依靠帝国主义的支持，弥缝了他和汪精卫及其他政敌之间的争斗，在卖国反共的基础上结成了反革命统一战线，重新控制了南京国民党的中央政权。蒋介石再次上台后，对外仍然推行不抵抗政策，对内则加强法西斯专政，集中力量进行反革命军事"围剿"，镇压一切抗日爱国运动，把中国进一步推入黑暗深渊。正如鲁迅在同时期写的杂文中所形容的："中国国民党治下"，"连年内战，空前水灾，卖儿救穷，砍头示众，秘密杀戮，电刑逼供"，而且还"要我们人民身受宰割，寂然无声，略有‘越轨’，便加杀戮”（《二心集·‘友邦惊诧’论》）。处此境况，鲁迅浩然慨叹：“岁暮何堪再惆怅”！“且持卮酒食河豚”，则是一句悲愤语，表示既然不能再惆怅伤怀，那就暂且持酒食河豚吧，同时寓有休养精神、准备迎接新的战斗之意。

第二首（“皓齿吴娃唱柳枝”）则是一幅凄切动人的速写画：暮春时节的深夜里，豪门的酒宴杯盘狼藉，人将散尽。一个年轻的江南歌女，因为追忆起昔日穷困的然而是家人团聚的日子，而被忧伤驱散了残余的醉意。在昏暗的灯阴下，痛苦地忆起苦难的家乡和家乡苦难的亲人，她仿佛听见杜鹃的啼泣，亲人的呼唤，但她有家归不得……

这首诗和《所闻》是同一天所作，思想境界类似。作诗的这一天是1932年12月31。鲁迅以深厚的无产阶级感情，想起流浪在上海滩上的卖唱歌女们——这在那时的上海是有很多的。她们都是劳动人民的女儿，被迫陷入火坑，当歌妓舞女，靠卖笑为生。鲁迅在这年5月给李秉中的信中曾说：“上海近日新开一跳舞厅，第一日即拥挤至无立足之处。呜呼，尚何言哉。恐人民将受之苦，此时尚不过开场也。”（《鲁迅书信集》）在这林立的酒吧舞厅里，有多少流离失所、卖笑为生的年轻妇女。这是国民党统治区人民苦难生活的一个侧面。

这首诗用特写的手法，以一个江南少女不幸生活中的一幕，控诉了国民党反动统治者和地主、资产阶级的荒淫生活，倾吐了流浪少女的无限悲痛。全诗幽婉哀怨，真切动人。

【注释】

本诗作于1932年12月31日，是应日本友人求书而写的条幅。前一首赠滨之上，第二首赠坪井。他们两人都是当时上海筱崎医院的医生，常为鲁迅治病。本诗后收入《集外集》。

（一）

［故乡黯黯锁玄云］祖国黑暗沉沉，笼罩着乌云。

故乡：这里指祖国，即国民党统治下的中国。

黯黯：黑暗沉沉。黯，深黑色。形容当时国民党的黑暗统治。

锁：闭锁、笼罩。

玄云：黑云。

［遥夜迢迢隔上春］长夜漫漫隔断了新春的到来。意思是：岁末年初，新春将临，但是国民党的黑暗统治，阻隔了春天的到来。

遥夜迢迢：长夜漫漫。

迢，音 tiáo（条），迢迢，漫长。李昌祺《剪灯余话·洞天花烛记》："妆成不觉夜迢迢。"

上春：孟春，指阴历正月。《初学记》卷三引梁元帝《纂要》："正月，孟春，亦曰孟阳、孟陬、上春。"

［岁暮何堪再惆怅］一年终了，哪能经受再度的哀伤？

惆怅：音 chóu chàng（绸唱），因失望或失意而哀伤。

［且持卮酒食河豚］暂且饮酒吃河豚，解脱满腹的痛苦忧伤，准备迎接新的战斗。

以上两句都是激愤语。

卮：音 zhī（支），斟满酒的酒杯。

河豚：豚，音 tún（屯），一种美味的鱼，但卵巢及肝脏都有毒，善制者才不致中毒。1932 年 12 月 28 日《鲁迅日记》载：晚坪井先生来邀至日本饭馆吃河豚，同去者并有滨之上医生。"据此知"食河豚"句是写实。

（二）

［皓齿吴娃唱柳枝］年轻美貌的江南女郎唱小曲。

皓齿：洁白的牙齿。"明眸皓齿"常用以形容少女的美貌。

吴娃：江苏苏州为古代吴国的地方，在古典诗歌中，吴娃指苏州的女郎，这里可泛指江苏一带的妇女。

柳枝："柳枝词"，古代曲名。汉、唐两代有《折杨柳枝曲》《杨柳枝曲》，是当时民间流行的歌曲。这里指卖唱时唱的流行歌曲。

［酒阑人静暮春时］暮春时节，豪门的酒宴将散，杯盘狼藉人声静。

酒阑：酒席吃到将尽。

［无端旧梦驱残醉］忽然引起的对于旧日家乡生活的追忆，驱散了剩余的醉意。

无端：没缘由的、忽然。

旧梦：意指过去的生活，已逝的韶光，有如一场梦。

［独对灯阴忆子规］独自面对着灯阴思念故乡。

子规：鸟名，即杜鹃，其鸣声若"不如归去"，故古诗词中常以杜鹃象征对家乡的思念和催人归故乡。诗云："等是有家归未得，杜鹃休向耳边啼。"

无　题（"洞庭木落楚天高"）

洞庭木落楚天高，眉黛猩红浣战袍。
泽畔有人吟不得，秋波渺渺失离骚。

【说明】

鲁迅写作这首诗的时候，国民党反动派正疯狂进行新的反革命军事"围剿"。1932年6月，蒋介石纠集了90个师50万兵力，对我红色根据地进行第四次反革命"围剿"。在"围剿"中，反革命军队在湖南、江西、湖北及福建、安徽等省的革命根据地，施行日本帝国主义侵略军在中国所惯行、汉奸刽子手曾国藩在镇压太平天国运动时所施行过的烧光、杀光、抢光的"三光"政策。这就造成湘鄂赣地区人民的深重苦难：村舍为墟，赤地千里。城市则畸形地虚假繁荣，地主、资产阶级和反革命军官政客麇集，他们所到的城市，酒馆、妓院林立，纸醉金迷、腐朽糜烂的空气弥漫。"洞庭木落楚天高，眉黛猩红浣战袍"，揭露了国民党反动派的这种血腥罪行和黑暗没落的社会状况。

"泽畔有人吟不得，秋波渺渺失离骚"。又愤怒地抨击了国民党在反革命文化"围剿"中，施行思想文化统制，取消了一切写作自由，禁压一切革命的声音，沉痛地指出连像屈原当年那样行吟泽畔也不可得。

这首诗写到的地区，正是当年屈原放逐后行吟泽畔，写作《离骚》的地方，因此化用了《离骚》的词语，其深沉悲愤，大有《离骚》风韵。但是，这里写的是人民大众的仇恨和悲愤，其思想意境又非《离骚》可比。

【注释】

本诗作于1932年12月31日，与前诗同日书写，是书赠郁达夫的，后收入《集外集》。编该集时词句有所改动：原稿"浩荡"改为"木落"，"心红"改为"猩红"，"吟亦险"改为"吟不得"。

[洞庭木落楚天高] 洞庭湖畔树叶落尽，天空地旷。

这里揭露了国民党反动派实行"三光"政策，使湘鄂赣地区赤地千里的反革命罪行。

木落：语出《楚辞》。《楚辞·九歌·湘夫人》："袅袅兮秋风，洞庭波兮木叶下"。木，指树木。

楚：指湘鄂赣一带。湖南、湖北为古代楚国之地，江西有"吴头楚尾"之称。

[眉黛猩红浣战袍] 女人的胭脂，妇孺的鲜血，浸渍了反动军官的军服。

这句揭露了国民党反动军官花天酒地腐化堕落的生活；也有反动军官的军服上溅满人民的血泪之意。

眉黛：指妇女。黛，音dài（代），青黑色颜料，古代妇女用来画眉，故以眉黛代妇女。

浣：音wò（卧），为泥土所玷污，亦泛指玷污。韩愈《合江亭》诗："愿书岩山石，勿使泥尘浣。"

[泽畔有人吟不得] 洞庭湖畔有人想要吟咏而不可能。

《史记·屈原列传》记载：屈原被放逐后，"披发行吟泽畔"。这里作者比喻自己在国民党反动派统治下，失去了写作自由。这年8月鲁迅在给台静农的信中说：上海"文禁如毛，缇骑遍地"，"我亦颇麻木，绝无作品，真所谓食菽而已。"（《鲁迅书信集》）

[秋波渺渺失离骚] 远望渺渺秋波，内心的悲愤不能吟出。

渺渺：水远貌。寇准《江南春词》："波渺渺，柳依依。"

失离骚：意为不能像屈原那样写作《离骚》，将心中的积郁和悲愤畅快地吟出。

二十二年元旦

云封高岫护将军，霆击寒村灭下民。

到底不如租界好，打牌声里又新春。

【说明】

1933年的旧历元旦，在旧上海的租界里，爆竹声混合着麻将牌的"噼噼啪啪"声，资产阶级、官僚政客在洋大人的卵翼下，在荒淫无度、花天酒地中度过新春。然而，当时中国的边疆和腹地，人民却在日本侵略者和国民党反动派的飞机轰炸中血肉横飞、家破人亡。这一切的罪魁祸首就是当时正坐镇江西、主持反革命军事"围剿"的蒋介石。这就是这首诗概括的史实。它以强烈的对比，满腔愤怒地揭露了蒋介石国民党和日本帝国主义的血腥罪行，谴责了地主资产阶级、官僚政客的荒淫无耻的生活，表达了人民的苦难。

鲁迅写这首诗的时候，日本侵略军轻易地占领了关内外的门户山海关，铁蹄正向关内踏进；在热河方面，日本侵略军正进攻开鲁，即将越过长城。在这国难日益深重的情况下，蒋介石集团仍然叫嚷"攘外必先安内"实行投降卖国政策，对日本帝国主义的侵略节节退让，而倾全力进行第四次反革命军事"围剿"。蒋介石亲自出马，到江西南昌坐镇，在庐山设"剿匪总部"，妄图消灭红色根据地和工农红军。

鲁迅在春节这天，想起祖国的内忧外患，惦念苦难中的人民，便写下了这首诗，对国民党反动派予以揭露和抨击。

【注释】

本诗作于民国二十二年，即公历1933年1月26日，先为书赠内山完造，后又改书赠台静农。第三句"到底"，原作"依旧"。

台静农，字伯简，安徽霍邱人，作家。鲁迅扶持的文学团体未名社的主要成员之一。

[云封高岫护将军] 云雾笼罩着高高的山峰，庇护着反动将军。

高岫：高高的山峰，岫，音xiù（袖），这里暗指庐山。当时，蒋介石为了拼死命消灭红区和红军，亲自到江西庐山坐镇，指挥反革命军事"围剿"。

[霆击寒村灭下民] 炸弹轰击荒寒的村庄，屠杀人民。

霆击：疾雷轰击。这里指飞机扔炸弹。

鲁迅在同年所写的杂文《天上地下》中揭露："中国现在有两种炸，一种是炸进去，一种是炸进来。炸进去之一例曰：'……更番成队飞宜黄以西崇仁以南掷百二十磅弹两三百枚'……""炸进来之一例曰：'今晨六时，敌机炸蓟县，死民十余，又密云今遭敌轰四次，每次二架，投弹盈百……'。"（《伪自由书》）在《中国人民的生命圈》中又揭露："'边疆'上是飞机抛炸弹。据日本报，说是在剿灭'兵匪'；据中国报，说是屠戮了人民，村落市廛，一片瓦砾。'腹地'里也是飞机抛炸弹，据上海报，说是在剿灭'共匪'，他们被炸得一塌糊涂；'共匪'的报上怎么说呢？我们可不知道。但总而言之，边疆上是炸，炸，炸；腹地里也是炸，炸，炸。虽然一面是别人炸，一面是自己炸，炸手不同，而被炸则一。"（《伪自由书》）

文中所说"边疆"指热河；"腹地"指湘赣红色根据地。按：宜黄、崇仁，是江西省的两个县；蓟县、密云，是河北省的两个县。

[到底不如租界好] 这句是讽刺国民党反动官僚政客、军阀，把租界当作他们的避难所、安乐窝。在《中国人民的生命圈》中揭露道："现在，一批一批的古物，都集中到上海来了，可见最安全的地方，到底也还是上海的租界上。"又在《天上地下》一文中讽刺地写道："住在租界里的人们是有福的。"当时，与古物一齐逃进租界的还有一批国民党的达官贵人，他们都是从华北等地逃窜到上海来的。

[打牌声里又新春] 这句也是对国民党官僚政客的讥刺。这班吸血鬼，走到哪里，就把荒淫无耻的风气带到哪里。由于这些人的到来，租

界里新春的牌声更响了。

鲁迅在《今春的两种感想》中指出，不管国土如何沦丧，人民遭受多么深重的苦难，反动统治者和地主、资产阶级"打牌的仍旧打牌，跳舞的仍旧跳舞"。

赠画师

风生白下千林暗，雾塞苍天百卉殚。
愿乞画家新意匠，只研朱墨作春山。

【说明】

这首诗刻画了在国民党反动派进行的反革命文化"围剿"下，艺术园地里的一片凄凉景象。在当时的中国，画林暗淡，百卉凋残，泛滥成灾的是美女画、月份牌、春宫画；徒有其表的是穿西装、蓄长发而一无所能的"艺术家"；还有一批资产阶级画家（如叶灵凤等人），靠抄袭外国美术作品以欺世盗名。中国画则成为远离现实、脱尽人间烟火气的书斋玩物。而进步的艺术创作则被禁压；革命艺术家遭摧残。当时，鲁迅作为文化革命的英勇旗手，对于国民党反动派的罪行予以揭露，进行抗争，对于帝国主义、资产阶级的艺术予以抨击和批判；而对于革命的、进步的艺术事业则竭尽全力给予支持。他指导进步的青年美术家坚持为革命、为工农大众服务，努力学习当时苏联的无产阶级美术，特别是木刻。为此，他搜集、出版了《引玉集》《士敏土插图》等苏联木刻集。他教育并具体指导青年美术家继承祖国优秀的民族、民间美术遗产。他提倡通俗的连环画，指出这是工农大众所需要和欢迎的东西，从连环画的创作中同样可以产生伟大的画家。他更大力提倡大众化的、便于流布的战斗的木刻艺术，为青年木刻家举办讲习班，指导他们的创作，帮助他们展出和出版作品。他率领进步的青年美术工作者，努力冲破那"千林暗""百卉殚"的黑暗局面。在这首赠给画师的诗作中，一方面揭露了艺苑萧条的黑暗状况，同时希望画家"研朱墨""作春山"，画出革命的新美画图，用画笔来表现、赞颂革命的新生力量、新生事物。

1927年，鲁迅在《当陶元庆君的绘画展览时》一文中，就称赞陶元庆"他以新的形，尤其是新的色来写出他自己的世界"。（《而已集》）次年，在《看司徒乔君的画》中又赞许司徒乔说："他有时将他自己所固有的明丽，照破黄埃"，并希望革命的艺术家在将来"竭力拂去黄埃的中国彩色"。（《三闲集》）以后，在1933年，在给青年木刻家罗清桢写信时曾建议他"何不取汕头的风景、动植、风俗等等，作为题材试试呢。地方色彩，也能增画的美和力，……在别地方人，看起来是觉得非常开拓眼界，增加知识的。……而且风俗图画，还于学术上也有益处的。"（《鲁迅书信集》）次年，在给青年木刻家陈烟桥的信中又指出：当时青年木刻家的作品中，存在"内容并不怎样有力，却只有一个可怕的外表，先将普通的读者吓退"。又指出：不要"一下子将它（指木刻）拉到地底下去，只有几个人来称赞阅看，这实在是自杀政策。""我的主张杂入静物，风景，各地方的风俗，街头风景，就是为此。现在的文学也一样，有地方色彩的，倒容易成为世界的，即为别国所注意。打出世界上去，即于中国之活动有利。"（《鲁迅书信集》）从这些文章、书信中，可以看出，鲁迅对革命艺术事业的发展和青年美术家的成长，非常关怀。他希望进步的艺术家以"新的形""新的色"来描绘现实；期望在将来能以明丽之笔来拂去旧中国-旧社会的"黄埃"。"只研朱墨作春山"就是这种意思的诗的表现。另外，在当时白色恐怖的笼罩下，表现革命的作品，一时难于发表、传播。而且由于作者深入斗争生活、接近工农大众都受到限制和迫害，艺术家在思想上、艺术上也还未臻成熟，表现不好，难免徒有一个"可怕的外表"，易把"一般读者吓退"。由于这种种禁压、限制和思想上、技巧上的原因，创作一些有意义的、有民族风格和地方色彩的风景画、风俗画，也是可以的、需要的。这对于艺术创作的发展，思想技巧的锻炼，学术的研究和使中国的艺术作品"打出世界上去"，都是有益处的。"只研朱墨作春山"也含有这样的意思。

【注释】

本诗作于1933年1月26日，是书赠日本画师望月玉成的，后收入《集外集》。

〔风生白下千林暗〕从南京城里刮出的恶风，摧残得画林暗淡。

白下：南京。唐时改金陵（南京）为白下。

〔雾塞苍天百卉殚〕妖雾充塞苍天，百花凋残。

这年11月，鲁迅在一封信中指出："上海也冷起来了，天常阴雨。文坛上是乌烟瘴气，与'天气'相类。"（《鲁迅书信集》）

殚：音dān（丹），枯竭。

〔愿乞画家新意匠〕愿求画家新的立意和匠心。

愿乞：希望。

新意匠：新的艺术构思、匠心。

〔只研朱墨作春山〕只研朱红颜色描画春山。

朱墨：红色颜料。

作春山：象征以"新的形""新的色"，以"明丽之心"来创作新的画图。有的解释把"作春山"比作"为美人画眉"，认为此句是对当时画美人图的陋风的讽刺，意为"也来画大美人儿吧"，似与原意不符。

题《呐喊》

弄文罹文网，抗世违世情。

积毁可销骨，空留纸上声。

【说明】

这首诗概括地写出了鲁迅从五四运动到写这首诗的时期，所遭到的种种迫害、攻击和诽谤，以及他由此而产生的愤慨心情。

《呐喊》是鲁迅的第一部短篇小说集，1923年出版，收集了自1918—1921年所作的十四篇短篇小说。这些小说产生的年代，正是五四运动时期。《呐喊》中的第一篇作品《狂人日记》，被称为五四文学革命的第一声春雷。《阿Q正传》更是这时期产生的伟大的文学作品之一，它早已成为世界名著，翻译成许多种外国文了。

在这一时期，鲁迅不仅创作了这些优秀的小说，而且写了许多反对帝国主义、封建主义，批判封建文化，抨击封建的思想、道德、礼教，向旧社会和封建军阀统治作斗争的战斗杂文。

1927年，蒋介石发动"四一二"反革命政变，大革命失败，建立了大地主、大资产阶级的法西斯专政。鲁迅又与国民党反动政权进行了英勇不屈的斗争，他率领文化新军，冲破了国民党反动派的反革命文化"围剿"，把文化革命引向深入。他的战斗的杂文，成为向敌人冲杀，一击而致敌死命的投枪和匕首。

由于鲁迅英勇不屈地与反动派作斗争，是五四运动以来中国文化革命的主将，因此，从封建军阀到国民党反动派，都对他进行了残酷的迫害。1926年，他被北洋军阀列入黑名单，不得不出走避难，后来，终于不能在军阀段祺瑞统治下的北京立足，只好南下，先后在厦门、广州任教。以后，蒋介石叛变革命，发动"四一二"反革命政变，屠杀共产党人、革命青年，鲁迅愤而辞去中山大学职务，离开广州，来到上海。在上海期间，又遭到国民党反动派的不断迫害。1930年遭到国民党的明令通缉；1931年因柔石被捕事件，处境危险，又出走避难。作这首诗的1933年，因参加民权保障同盟，又被列入国民党特务的黑名单。

1925年，鲁迅就揭露军阀对革命文化的统制。他在当时给许广平的信中说："但政府似乎已在张起压制言论的网来，那么，又须准备'钻网'的法子——这是各国鼓吹改革的人们照例要遇到的。"(《两地书》)以后，国民党进行反革命文化"围剿"，文禁更加严重。1930年颁布了"出版法"，1931年又公布"出版法施行细则"，1932年又公布"宣传品审查标准"。企图用这种张布文网的方法，来禁压革命的声音，摧残进步文化。作为文化革命英勇旗手的鲁迅，更是他们迫害的主要对象。鲁迅的著作不予出版或任意删削，出版了又禁止发行。鲁迅的《二心集》，被砍去许多，改为《拾零集》，在浙江仍不准发行。鲁迅的文章有的竟被删去四分之三，才得发表。鲁迅在给曹靖华的信中说："风暴正不知何时过去，现在是有加无已，那目的在封锁一切刊物，给我们没有投稿的地方。我尤为众矢之的，《申报》上已经不能登载了，而别人的作品，也被疑为我的化名之作，反对者往往对我加以攻击。"（《鲁迅书信集》）

"弄文罹文网，抗世违世情"，就是对十几年来反动派的种种迫害、禁压的概括，是对于封建军阀、国民党反动派的揭露和控诉。

"积毁可销骨"，十几年来，流言蜚语、造谣污蔑、诋毁咒骂，反动统治者及其帮凶帮闲文人，革命队伍中敌人派遣的特务，对鲁迅进行的攻击，真是无所不用其极。其目的，正如鲁迅所揭露的，是想以谣言杀人。1931年鲁迅在一封书信中愤慨地指出："我自寓沪以来，久为一班无聊文人造谣之资料，忽而开书店，忽而月收版税万余元，忽而得中央党部文学奖金，忽而收苏俄卢布，忽而往莫斯科，忽而被捕，而我自己，却全不知道有这么一回事。其实这只是有些人希望我如此的幻想，据他们的小说做法，去年收了一年卢布，则今年当然应该被捕了，接着是枪毙。于是他们的文学便无敌了。"（《鲁迅书信集》）

1924—1926年，在北京期间，那些曾被鲁迅斥为"叭儿狗""苍蝇""蚊子"的军阀的走狗文人，对鲁迅用种种流言蜚语中伤，进行公开的辱骂和攻击，诬蔑鲁迅"拿了俄国的卢布"，咒骂鲁迅是"刀笔吏""学匪"。以后，国民党反动派豢养的文化特务、走狗文人、反动记者又造作种种谣言、诬蔑、诅咒、告密，手段卑劣，用心险恶。同时，钻进革命队伍里的蛀虫、国民党特务分子张春桥之流，又从背后施放冷箭。鲁迅痛感腹背受敌，不能正面迎击，而"须横站"。对于这一切，鲁迅的回答是：横眉冷对，不断进击。鲁迅以犀利的杂文，予以回击，解剖了他们的鬼蜮伎俩和蛇蝎用心，勾画了他们资本家的走狗、反动派的警犬、"狮子身上的害虫"的丑恶形象，总结了与他们作殊死搏斗的经验。"空留纸上声"，充满无比的愤慨。然而鲁迅留下的七百多万字的著译，已经成为无产阶级文学革命的丰碑，是我们珍贵的文化遗产、锐利的战斗武器；直到今天，仍然是我们的思想文化宝库。

【注释】

本诗作于1933年3月2日，是应日本友人山县初男索书并要求题赠而作。后收入《集外集》。

[弄文罹文网] 写作文章遭到反动派文化专制主义的文网的禁压。

罹：音lí（犁），遭受（危难或不幸）。

文网：指反动派对思想文化的统治，像网一样严密。

[抗世违世情] 反抗反动派的黑暗统治，触犯了旧社会的世道人情。

[积毁可销骨] 敌人的种种谣言、攻击、诬陷，会使人遭到毁灭。

积毁销骨：语出《史记·张仪列传》："众口铄金，积毁销骨。"意思是一次又一次的毁谤，久而久之，足以使人毁灭。

许寿裳在《亡友鲁迅印象记》中，曾历数鲁迅所遭到的阶级敌人的种种诽谤、诬蔑："翻译几本科学的文艺理论，就诬他得了苏联的卢布；出版一本《南腔北调集》，就诬他得了日本万金，意在卖国，称为汉奸；爱罗先珂从中国到德国，说了些中国的黑暗，北洋军阀的黑暗，就说这些宣传，受之于他，因为他的女人是日本人，所以给日本人出力；给一个毫不相干的女士作了一篇《淑姿的信》序，就说她是他的小姨；'一·二八'战事骤起，寓所突陷火线中，得日本人内山完造设法，才避居于其英租界支店的楼上几天，就说他托庇于日本间谍。"

于此，可见国民党反动派对鲁迅毁谤之甚。

[空留纸上声] 我只留下自己的声音在纸上。意为对反动统治的抗争、揭露、抨击、批判，都留在作品中。

题《彷徨》

寂寞新文苑，平安旧战场。
两间余一卒，荷戟独彷徨。

【说明】

《题〈呐喊〉》回顾了杀上文化战场以来十几年的战斗经历；这一首诗则追述了产生《彷徨》这部作品的时期，文化战场上的状况和自己的心境。《彷徨》是鲁迅的第二本短篇小说集，出版于1925年，收集了1924—1925年所作的小说十一篇。鲁迅在《〈自选集〉自序》中，曾经写到这部小说集产生的历史背景和出版时的心情："后来《新青年》的团体散掉了，有的高升，有的退隐，有的前进，我又经验了一回同一战阵中的伙伴还是会这么变化，并且落得一个'作家'的头衔，依然在沙漠中走来走去，不过已经逃不出在散漫的刊物上做文字，叫作随便谈谈。……得到较整齐的材料，则还是做短篇小说，只因为成了游勇，布不成阵了，所以技术虽然比先前好一些，思路也似乎较无拘束，而战斗的意气却冷得不少。新的战友在哪里呢？我想，这是很不好的。于是集印了这时期的十一篇作品，谓之《彷徨》，愿以后不再这模样。"（见《南腔北调集》）

五四运动以后，以胡适为代表的资产阶级右翼知识分子，从文化革命统一战线中分化出去了，他们不仅偃旗息鼓，不再向封建文化进攻，而且，中间的大部分，和敌人妥协，站到反动方面去了。胡适甚至否认自己"有过反对封建的历史"。他觐见宣统皇帝（溥仪），鼓吹"踱进研究室"，"整理国故"。五四运动时，有"只手打倒孔家店"之称的吴虞，躺在鸦片烟床上，醉生梦死，被人遗忘。而文化革命统一战线左翼代表李大钊同志，已把主要精力用于从事党的工作了。经历了这场分化与改组，文化革命战场现出了"平安旧战场"的景象。

"寂寞新文苑"，既然旧战场那样平安，那么新文苑就不免寂寞，两者相关联。创作不够旺盛，是寂寞的主要方面。这情形，如鲁迅所描述的："北京虽然是'五四'运动的策源地，但自从支持着《新青年》和《新潮》的人们，风流云散以来，1920—1922年这三年间，倒显着寂寞荒凉的古战场的情景。"（《且介亭杂文二集·中国新文学大系小说二集序》）寂寞的另一方面，是文化界继续向封建文化营垒进击的人们不多了。鲁迅感到在文学战线上"布不成阵"。他当时曾慨叹地说："我的心感到分外的寂寞。"他主办《莽原》杂志，就是为了多发表批评文字，引进一些新战士来攻击旧社会，但却感到来稿不多。"两间余一卒，荷戟独彷徨"，所写的就是这种情景和心境。但他说"愿以后不再这模样"，他彷徨然而还肩扛武器。他在《彷徨》出版时，在扉页的题词中引用《离骚》的诗句："路漫漫其修远兮，吾将上下而求索。"这是一个战士的暂时的彷徨，他即使感觉自己是"孤军"，仍要奋战。他在《两地书》中写道："但我总还想对于根深蒂固的所谓旧文明，施以打击，令其动摇。"鲁迅当时正是这样做的，他写下了后来收集在《华盖集》正续编中的许多对封建文化、军阀统治及其走狗文人们施行袭击的战斗杂文。这首诗堪称中国现代文学史和中国文化革命史的片段，成为鲁迅思想发展史上一个重要阶段的忠实记录，是了解我国现代思想文化史和了解鲁迅思想发展的重要材料。

在《彷徨》出版之后不久，鲁迅便结束了这个短暂的彷徨期。当时，中国政治生力军即中国无产阶级和中国共产党已经登上了中国的政治舞台，而这支文化生力军，也就以新的装束和新的武器，联合一切可能的同盟军，摆开了自己的阵势，向着帝国主义文化和封建文化展开英勇的进攻了。而文化革命的主将鲁迅，以民主主义者的英姿进入这个行列，冲杀在最前面，而且不断前进，成为一位伟大的共产主义战士。

【注释】

本诗作于1932年3月2日，为应日本友人山县初男索小说并求题词而作。后收入《集外集》。

[寂寞新文苑] 五四以后的新文艺园地寂寞荒凉。

[平安旧战场] 对封建文化进攻的战场，平安无战事。

[两间余一卒] 在新旧两个文化营垒之间，剩下我这一个兵卒。

两间：天地之间，这里指新旧两个文化营垒之间。

一卒：一个兵卒，作者自况。

[荷戟独彷徨] 扛着武器独自彷徨。

荷戟：扛着戟（武器）。

悼杨铨

岂有豪情似旧时，花开花落两由之。

何期泪洒江南雨，又为斯民哭健儿。

【说明】

1933年1月，为了反对国民党法西斯专政，蔡元培、宋庆龄等爱国民主人士在上海成立民权保障同盟，蔡元培、宋庆龄为正副会长，鲁迅、杨铨（杏佛）都是执行委员。国民党反动政权为了镇压这一爱国进步团体，竟指使特务，组织暗杀行动，第一个被害的便是杨铨（杏佛）。鲁迅当时也被列入黑名单中，因此处境非常危险。但是鲁迅不畏强暴，不顾个人安危，毅然决然，前往万国殡仪馆为杨铨送殓。临走时，不带房门钥匙，准备着也遭毒手，去了就不再回来。鲁迅的好友许寿裳回忆当时情况说："6月，杏佛被刺，时盛传鲁迅亦将不免之说，他对我说，实在应该去送殓的，我想了一想，答道，那么，我们同去。"当时也是民权保障同盟执委的洋奴文人林语堂，却胆怯未去，与鲁迅的临危不惧、大义凛然适成强烈对照。鲁迅于事后对许寿裳甚为赞许，而十分鄙视林语堂，称他"尖头把戏"。

鲁迅参加吊唁回来后，便写了《悼杨铨》这首诗，以极度的悲愤哀悼杨铨，控诉了国民党反动派的法西斯暴政。许寿裳称赞这首诗说："才气纵横，富于新意，无异龚自珍。"

这是鲁迅诗作中广为传颂的一首。尤其是在国民党黑暗统治的年月里，多少革命者在白色恐怖下吟咏这首诗，寄托对于牺牲的同志的哀思，激起对国民党反动统治的深刻仇恨，从中汲取力量。

这首诗是为哀悼杨铨被刺而作，但它的意义却不限于此。作者的哀痛直接因杨铨之被害而引起，但他因此而联想到几十年的战斗生涯中，自己亲历的战友与学生、同辈与晚辈的被枪击于游行队伍之中，英勇就义于敌人的绞架之上，遭秘密杀害于密室之内。他为文纪念过刘和珍，吟诗哀悼过柔石、白莽，也对李大钊同志表达过深切的悼念、热情的赞扬。"何期泪洒江南雨，又为斯民哭健儿"，当他写出这哀痛至深、愤慨已极的诗句时，这些英勇就义的战友的英姿都出现在面前。

【注释】

本诗作于1933年6月21日，是书赠日本友人境井先生之友樋口良平的，后收入《集外集》。

杨铨（1892—1933），字宏甫，号杏佛，江西临江人，民权保障同盟执行委员。1933年6月18日为国民党特务组织蓝衣社暗杀于上海。

[岂有豪情似旧时] 哪有过去的那种战斗豪情。这是一句指控国民党法西斯随意杀人的激愤的反语。正如鲁迅所揭露的，当时的情况是，"时危人贱，任何人在何地皆可死"；"动辄要你生命"。有人把这句诗解为"已失去了过去的战斗豪情"，这与原意不符，也与鲁迅亲自送殓的实际行动和那种"只要我还活着，就要拿起笔，去回敬他们的手枪"的坚强战斗精神根本相背。

[花开花落两由之] 花开花落都听它自便。

由之：听其自便，由它去。

这是比喻的说法。旧时诗词常以花开花落喻人生无常，而表现颓丧感情。但这里意为：尽管国民党反动派压迫、杀害，无所不用其极，但我将生死置之度外、坚强战斗无所惧。1933年6月28日，即作此诗后七天，鲁迅给台静农信中说："仆生长危邦，年逾大衍，天灾人祸，所见多矣，无怨于生，亦无怖于死，即将投我琼瑶，依然弄此笔墨，凤心旧习，不能改也。"（《鲁迅书信集》）这段话是"花开花落两由之"的最为贴切的说明。

内山完造回忆杨铨被刺时的情景说："当我听到这件事（按：指杨铨被刺）的时候，是有人往我家挂来了电话。当我把这个消息告诉鲁迅的时候，他说：'如果是这样，那一刻也不能在家里待了'，便立刻去往法国租界。我劝阻他说：'这太危险'，然而他说：'反正也是一样的事'，不听劝阻。……"（内山完造《上海霖语·风暴时刻》）

从这段纪实中可以看出鲁迅当时那种将生死置之度外的英勇战斗精神。

[何期泪洒江南雨] 怎想到哀悼牺牲者的热泪，挥洒如江南之雨。也有南国的天空飘洒着凄雨，好像天地也为之洒泪之意。

这也是纪实。据当天的《鲁迅日记》记载："雨……午季市来，午后同往万国殡仪馆送杨杏佛殓"。季市即许寿裳，他在记录此事经过的文章中也说："是日大雨"。

何期：哪曾想到。

[又为斯民哭健儿] 又为祖国人民痛哭爱国男儿。

斯民：人民。斯，这个、这里。

健儿：军卒；壮士。古乐府《折杨柳歌辞》："健儿须快马，快马须健儿。"引申为英勇的斗士、勇敢的爱国志士。这里指杨铨（杏佛）。

题三义塔

三义塔者，中国上海闸北三义里遗鸠埋骨之塔也，在日本，农人共建之。

奔霆飞熛歼人子，败井颓垣剩饿鸠。
偶值大心离火宅，终遗高塔念瀛洲。
精禽梦觉仍衔石，斗士诚坚共抗流。
度尽劫波兄弟在，相逢一笑泯恩仇。

西村博士于上海战后得丧家之鸠，持归养之；初亦相安，而终化去，建塔以藏，且征题咏，率成一律，聊答遐情云尔。（1933年6月21日鲁迅并记。）

【说明】

这首诗所记的事实和诗作本身，都是中日两国人民友谊史上的感人篇章。事情的经过是这样的：1932年1月28日，日本侵略军对上海发动进攻，当时驻守上海的十九路军，在人民爱国情绪的推动下，在上海各界的支援下，进行了顽强抵抗。这就是有名的"一·二八"淞沪之战。但是，因为蒋介石国民党实行投降卖国政策，终于战败，并且签订了丧权辱国的停战协定。战乱之后，日本人西村真琴博士在曾陷于战火中的闸北三义里得到一只鸽子，带回家饲养起来。后来鸽子死了，日本农民建塔埋骨，永志纪念。1933年4月，西村博士将鸽子画图寄给鲁迅，以后又请鲁迅题诗。鲁迅便写了《题三义塔》。

鲁迅在题诗中，揭露控诉了日本帝国主义者悍然侵略中国、炸毁民宅、屠杀人民的罪行；记录了日本友好人士喂养丧家之鸠、农民建塔纪念的友好情谊。鲁迅把日本帝国主义者和日本人民区别开来。他坚决地反对日本侵华，当时写了许多揭露抨击日本帝国主义者侵略罪行和蒋介石国民党对日投降卖国的杂文。但是，他与日本友好人士却保持着友好往来，增进了中日两国人民间的友谊。

在这首诗中，鲁迅以历史唯物主义观点展望和预言，一衣带水的中日两国，终将扫除反动派设置的重重障碍，发展人民之间的友谊，建立两国友好和平关系。"度尽劫波兄弟在，相逢一笑泯恩仇"，写出了两国人民的心愿，预言了两国人民发展友好关系的前景。鲁迅的预言，终于在新中国实现了。中日两国在1972年实现了邦交正常化，建立了友好关系。1978年8月，更签订了《中日和平友好条约》，在中日两国悠久的友好史上，又增添了光辉的一页，开始了一个新起点。

【注释】

［奔霆飞熛歼人子］日本帝国主义侵略者的飞机投掷炸弹，屠杀中国人民。

霆：疾雷；这里喻指日本帝国主义的飞机投掷炸弹。

熛：音 biāo（标），迸飞的火焰，《淮南子·说林训》："一家失熛，百家皆烧。"

人子：意指人民。

［败井颓垣剩饿鸠］墙倒屋塌的瓦砾场上，剩下一只快饿死的鸽子。

颓垣：倒塌的墙。颓，倒塌；垣，音 yuán（原），矮墙。

鸠：鸽子。日本人称鸽子为堂鸠。

[偶值大心离火宅] 意外地得到好心人的救助，将它带离火场。

大心：指有宽厚之心的人。这里指西村博士。

[终遗高塔念瀛洲] 终于留下埋骨之塔，为日本友好人士的纪念。

高塔：指日本农人所建埋藏鸠骨之塔。

瀛洲：瀛，音 yíng（营）。瀛洲，传说中的仙山，借指日本。章炳麟（太炎）《狱中赠邹容》诗："邹容吾小弟，被发下瀛洲。"

[精禽梦觉仍衔石] 死去的鸽子，一旦复生，将会和精卫鸟一样衔石填海。意指填平中日两国之间的隔阂、怨仇。

精禽：精卫，古代神话中的鸟名。相传为炎帝女，名女娃。因游东海淹死，灵魂化为精卫，经常衔西山木石去填东海。见《山海经·北山经》及《述异记》卷上。陶渊明《读山海经》诗："精卫衔微木，将以填沧海。"

[斗士诚坚共抗流] 中日两国的正义友好人士，以坚定至诚，共同努力抗击妨碍两国友好的逆流。

1933 年 2 月，鲁迅在给英勇牺牲的日本共产党员作家小林多喜二的唁电中说："中日两国人民亲如兄弟，资产阶级欺骗人民，用血在我们中间制造鸿沟，并且继续制造。但是无产阶级和它的先锋队正在用自己的血来消灭这道鸿沟。"这段话很好地说明了这句诗的含意。

[度尽劫波兄弟在] 度过中日两国长期敌对的不幸时代，两国人民的兄弟情谊永在。

劫波：佛教名词。梵文 kalpa 的音译。意思是"远大时节"。后来讹传为劫杀之劫，成为"厄运"的意思。

[相逢一笑泯恩仇] 两国人民重新缔结友好情谊，而泯灭了过去的恩仇。

鲁迅在《内山完造作〈活中国的姿态〉序》中说："据我看来，日本和中国的人们之间，是一定会有互相了解的时候的。新近的报章上虽然又在竭力地说着'亲善'呀，'提携'呀，到得明年，也不知道又将说些什么话，但总而言之，现在却不是这时候。"鲁迅当时清醒地看到那时不是中日两国人民互相了解的时候，他把愿望寄托在将来。他的遗愿如今实现了。

赠人二首

（一）

明眸越女罢晨装，荇水荷风是旧乡。
唱尽新词欢不见，旱云如火扑晴江。

（二）

秦女端容理玉筝，梁尘踊跃夜风轻。
须臾响急冰弦绝，但见奔星劲有声。

【说明】

　　这两首诗和《所闻》、《无题》（"皓齿吴娃唱柳枝"），写作日期只相差几个月，题材、体裁和意境都类似，可以说是姊妹篇。前两首写的是"娇女"与"吴娃"的痛苦与哀怨；这两首写的是"越女"与"秦女"的不幸和向往。产生这两首诗的历史背景与前两首基本相同，只是情势更加恶化了：日本侵略军在国民党反动派投降卖国政策面前，更加进逼，占领榆关，深入热河，危及北平。而国内竟出现了"让出北平以'诱敌深入'"的汉奸论调。国民党反动政府则一面把大批古物南迁，做放弃北平的准备；一面继续对我红色根据地举行大规模"围剿"，甚至派出飞机，轰炸红色区域，使全国人民更加陷入水深火热之中，整个民族更加濒于灭亡境地。但是，面对日寇的侵略和国民党的白色恐怖，鲁迅更加英勇地战斗。在这两首诗中，他以革命乐观主义精神，用明朗的形象，遒劲有力的笔触，有声有色地创造了一种哀怨而不消沉，苦痛而具有希望的意境。它描写了人民心中的革命愿望，预示了革命风暴即将来临："奔星劲有声"！

【注释】

这两首诗作于1933年7月21日，是书赠日本友人森本清八的。后收入《集外集》。《鲁迅日记》中，"但见"作"独见"。

（一）

[明眸越女罢晨装] 年轻的浙江姑娘清晨梳妆打扮完了。

明眸：明亮而美丽的眼睛。眸，音móu（谋），瞳仁。

越女：浙江姑娘。越为浙江简称，但这里可泛指江南少女。

[荇水荷风是旧乡] 江湖里生着浮萍，荷花迎着夏风，那江南水乡是她的故乡。

荇：音xìng（杏），水草。

荷：荷花。

[唱尽新词欢不见] 唱完新谱的词曲，怀念故乡亲人，不得相见。

此句借用唐朝诗人刘禹锡《踏歌词四首》中的原句。刘诗的第一首为："春江月出大堤平，堤上女郎连袂行。唱尽新词欢不见，红霞映树鹧鸪鸣。"原作为情诗，此处赋予新意，意为卖唱歌女，唱罢新练的歌曲，怀念故乡亲人。

欢：六朝时吴歌声中对爱人的称谓。这里则指故乡的亲人。

[旱云如火扑晴江] 旱云像火一样扑向晴天映照下的江水。意思是越女眺望水乡故园，却见旱云如火，将成灾荒。同时，是描写暴风雨来临前，旱云翻滚的情状，预示着革命风暴将要来临。

（二）

[秦女端容理玉筝] 陕西女郎端正庄重地弹起了玉筝。

秦女：陕西女子。秦，陕西简称。这里可泛指北方妇女。

[梁尘踊跃夜风轻] 琴音震荡动人，夜风轻微吹动。

梁尘踊跃：比喻音调震荡动人，使房梁上的尘土都跳跃起来。《太平御览·刘向别录》："汉兴以来，善歌者鲁人虞公，发声清哀，盖动梁尘。"

[须臾响急冰弦绝] 忽然间响声急骤，琴音戛然而止。

须臾：一会儿、一刹那。

冰弦：形容琴弦的洁白透明。

[但见奔星劲有声] 在寂静中，只见流星飞奔，戛然有声。描写流星奔突，划破夜空，预示革命的来临。

无　题（"一枝清采妥湘灵"）

一枝清采妥湘灵，九畹贞风慰独醒。

无奈终输萧艾密，却成迁客播芳馨。

【说明】

这首诗写于国民党反动统治的白色恐怖严重、民族危亡日亟的年代。但是，鲁迅却于弥天黑暗中，从毛泽东同志、共产党领导的革命根据地，看见了光明与希望。他以一个无产阶级的伟大革命战士的至诚，向党、向毛泽东同志表示了无限的敬意。

在写这首诗的前一年，鲁迅曾请在上海秘密养伤的红军将领陈赓同志给他讲述了红军英勇斗争的故事，介绍了革命根据地的建设情况、土地革命的发展和农民生活的变化，他对这些感到无限欢欣。他珍藏起陈赓同志当时随手画下的一张红军作战图，并且打算写作一部反映红军战斗的小说或报告文学。后来，虽然由于种种原因，这个创作愿望未能实现，但他对于红军和红色根据地的赞美之情一直蕴蓄心中，后来就反映在这首诗中了。

写这首诗时，红军又取得了新的胜利：粉碎了敌人的第四次"围剿"，根据地更加扩大。正如毛泽东同志所指出的："敌人的第一、二、

三、四次'围剿'都使我们遭受了土地的损失，特别是在敌人第三次'围剿'时江西红军根据地几乎全部丧失了，然而结果我们的土地不但都恢复了，而且还扩大了。"（《中国革命战争的战略问题》）鲁迅把红色根据地比作一枝傲然挺立的清雅的荷花，美丽的湘灵女神，端坐其上。鲜花为托，女神安坐，这是一幅多么优美的画图。她是中国革命胜利的象征，她是全国人民希望的寄托。鲁迅还把红色区域比作广植香花的花苑，从这里吹出香风阵阵，散遍全国。

这一年，国民党反动派继续实行投降卖国政策，把大片国土拱手让给日寇；同时却以更大的规模，向红色根据地发动了第五次反革命"围剿"。正在这民族危亡的时候，中国共产党向一切进攻革命根据地和红军的国民党军队提议：在停止进攻、给予人民以自由权利和武装人民这样三个条件下，订立停战协定，以便一致抗日。中国共产党的伟大号召，像响亮的号角，战斗的劲风，响彻上空，吹遍全国。"从此以后，一方面，是国民党政府的内战政策越发猖狂；另一方面，是中国人民要求停止内战一致抗日的呼声越发高涨。各种人民爱国组织，在上海和其他许多地方建立起来。"（《论联合政府》）不断发展的红色根据地和不断壮大的红军，像"一枝清采"，象征着光明与希望；毛泽东同志、共产党关于中国革命的光辉理论和关于团结抗日、挽救民族危亡的正确主张，像"九畹贞风"，吹遍神州，给人以最大的慰藉和无穷的希望。

毛泽东同志早在湘赣根据地创建初期，就指出，边界红旗始终不倒，"在全国政治上有重大的意义（《井冈山的斗争》）"，"能树立全国革命群众的信仰"（《星星之火，可以燎原》）。鲁迅正是从革命根据地的胜利斗争和建设中，看到了党的力量和反动统治阶级的破产，从中得到了慰藉和力量。早在1928年，大革命失败后不久，他就坚定地宣布："惟新兴的无产者才有将来"。现在，他更看到了这"将来"创造者的大军，正在血与火的战斗中创造"将来"的光明前景。

但是，正是在这一年，在革命力量发展、爱国运动高涨的时候，国民党反动派"内战政策越发猖狂"，白色恐怖更加严重。在上海，他们施行法西斯暴力行动，组织特务流氓，捣毁进步的影片公司、出版机构、书店印刷所；给进步的戏院、影院、书店、报馆投寄恐吓信，禁止发行并烧毁进步图书。反动文人、记者和国民党文化特务、检查老爷，一方面禁止或删砍以鲁迅为代表的革命作家的文章，不使发表或使其

"没有骨气"；另一方面则造谣、诬蔑、告密，以陷害革命作家，打击分裂革命队伍。"萧艾密"，文网严。但是鲁迅却仍然继续战斗，钻文网，播芳馨，翻译外国进步文学作品，传播马列主义真理，"在围剿中更加生长起来"。

他战斗的豪情，前进的动力，便来自那"一枝清采"，"九畹贞风"。鲁迅曾经把翻译出版马克思主义科学文艺理论，比作普罗米修斯"窃火给人间"，比作起义者"偷运军火"。他就是要"窃"得马克思主义之"火"来烧毁国民党黑暗王国，要偷运马克思主义理论武器，来推翻法西斯统治。鲁迅对毛泽东同志十分崇敬和信仰，他无视国民党反动统治的压迫，怒斥托派分子的诬蔑，公开表示："那切切实实，足踏在地上，为着现在中国人的生存而流血奋斗者，我得引为同志，是自以为光荣的。"（《且介亭杂文末编·答托洛斯基派的信》）他每谈起毛泽东同志就深情地、坚决地表示，愿意在毛泽东同志指挥下，"做一名小兵，用笔。""却成迁客播芳馨"，就是这种忠贞之心、战斗热情的概括。

【注释】

本诗作于1933年11月27日，系书赠日本友人土屋文明的，后收入《集外集》。

［一枝清采妥湘灵］一枝清雅的鲜花上安坐着湘灵女神。

清采：清花，这里可理解为荷花。荷花淡雅清香，向来诗词中用以象征高洁有骨气的人。湖南素有芙蓉（荷花）国之称。诗中比喻湘赣等革命根据地。

妥：安；坐定。《诗·小雅·楚茨》："以妥以侑。"毛诗："妥，安坐也。"

［九畹贞风慰独醒］广植兰花的花圃中吹出的阵阵清风，慰藉了不与世俗同流合污的人。

畹：音wǎn（碗），古代地积单位。《文选·左思〈魏都赋〉》："右则疏圃曲池，下畹高堂。"刘逵注引班固曰："畹，三十亩也。"但也有说是十二亩的。此处以九畹形容植兰之广大繁茂，九不是实数。

贞风：坚贞正义之风，喻中国共产党的革命政策、关于抗日救国的正确主张等。

独醒：语出《楚辞·渔父》："众人皆浊吾独清，众人皆醉吾独醒。"意指不为世俗所污，保持清醒高洁的贤人。这里喻革命者，也是鲁迅自比。

[无奈终输萧艾密] 无奈而可恨的是荆棘和蒿草密密丛丛。

萧艾：荆棘、恶草，喻国民党反动派的文化统治和帝国主义、封建主义、资产阶级文化。

鲁迅在1934年10月写的《准风月谈》后记中谈到1933年的情况时说，他从这年6月起，开始用各种笔名，障住编辑和国民党检查老爷的眼睛，才得以陆续发表了收在《准风月谈》中的这些杂文，但后来"有无法隐瞒之势"，"敷衍到十一月初，只好停笔，证明了我的笔墨，实在敌不过那戴着假面，从指挥刀下挺身而出的英雄。"

[却成迁客播芳馨] 我却成了像贬谪的人一样在艰苦中传播芳香。意思是遭到国民党反动派的严重禁压，但仍在艰苦条件下，为传播革命声音而辛勤工作。

迁客，被贬谪流徙的人。鲁迅有时比作"流人"，意思相同。在给许寿裳信中曾说："……旧日同学，多已崇贵，而我为流人……"（《鲁迅书信集》）

芳馨：芳香；馨，传播久远的香气。

鲁迅当时冲破国民党反动派的文网，继续不断地写作投枪匕首式的杂文，直刺国民党黑暗统治。同时，不遗余力组织出版各种进步文学艺术作品。在这一年，他出版了自己的杂文集《伪自由书》。他亲自编校、作说明和序的麦绥莱勒的连环木刻《一个人的受难》，描写了一个工人觉醒、成长的过程，在内容上富有教育意义，在艺术上为当时正在蓬勃发展的新兴木刻提供了借鉴的好材料。他还和翻译家曹靖华、青年木刻家罗清桢、北新书局负责人李小峰及许多文艺、出版界人士，频繁通信，指导、帮助、组织进步文学艺术作品的翻译、写作与出版。"播芳馨"，正是他这种辛勤劳作的真实写照。

阻郁达夫移家杭州

钱王登假仍如在，伍相随波不可寻。

平楚日和憎健翮，小山香满蔽高岑。

坟坛冷落将军岳，梅鹤凄凉处士林。

何似举家游旷远，风波浩荡足行吟。

【说明】

诗的题目说明了这首诗写作的起因和目的：郁达夫在杨杏佛遇刺后的白色恐怖的威压逼迫下，离开上海，先往故乡浙江富阳，后移居杭州。这年11月，应"杭州铁路"之邀，去浙东旅行。一路上，接受国民党官场的款待，并写作、发表山水游记，为铁路局招徕生意。鲁迅见此，便写这首诗劝阻他。在列举种种理由中，运用了与浙江有关的历史故事、杭州名胜古迹的典故，把历史与现实结合，深刻而巧妙地揭露了国民党统治的反动本质和凶残嘴脸；阐明了丢掉幻想、坚持斗争的思想。这里，历数的是浙江一省反动统治者的反革命嘴脸，实际上概括了整个国民党的黑暗统治，揭露了它的大地主大资产阶级法西斯王朝的反动本质。他劝阻的是郁达夫移家杭州，实际上阐明了一个革命者、文化战士面对黑暗统治、白色恐怖，应取的斗争态度；指出了必须对阶级敌人不存任何幻想，而抱定坚贞不屈、顽强斗争之立场，永远进击、彻底革命。这样，就使这首诗远远超出了劝阻友人决定行止的范围，而具有了深广的思想意义。

全诗化用典故，以古喻今，深刻地指出：封建帝王（钱王）虽然已经灭亡，但他的阴魂仍在；古代贤士（伍子胥）抗争的遗风尚存，但现在已随钱塘江水流逝不可寻；丛林平展、风和日暖的西子湖畔，风景绮丽令人迷恋，但却不是战斗的雄鹰展翅翱翔的地方；小坡矮山花草遍布，柔枝弱叶遮蔽了巍峨的崇山峻岭；爱国将领岳飞的坟坛冷落；清高隐士林和靖的墓地凄凉。杭州就是这样一个坏人当道、贤士遭压、邪风炽盛、正气不张的地方，它和上海有什么区别？整个中国，在国民党反动统治下，何来安静平和、没有压迫的世外桃源？丢掉不切实际的幻想，鼓起坚持斗争的勇气，在斗争中翱翔，天旷地远，至少可以像当年的屈原一样，行吟泽畔，挥洒笔墨写诗篇。何等深刻的揭露，何等宽广的革命胸襟，何等坚定的战斗意志。"风波浩荡足行吟"与"独托幽岩展素心""横眉冷对千夫指""怒向刀丛觅小诗"等句，在斗争精神上一脉相承，却从不同侧面、不同角度反映了坚持革命的品格，表达了一个无产阶级战士的革命襟怀。

鲁迅的实际行动正是如此。在白色恐怖笼罩下的上海，他处境日益险恶，斗争越加艰苦，在中外友人的敦促下，虽然曾经打算去日本，赴德国，回北京，返故乡，但是，终于哪儿也不去，仍然坚持斗争在上海，"怒向刀丛觅小诗"。

以后的事实，证明了鲁迅对国民党反动统治本质的观察深刻，认识清晰，预言准确。郁达夫迁居杭州后，便被国民党浙江省党部的头子许绍棣用卑劣的手段诱骗了妻子，自己不得不忍辱含恨，愤而远走新加坡，最后死在日本侵略者的屠刀下。他自己1938年写的《回忆鲁迅》中，记述了这件事的经过，表示了沉痛的懊悔："后来我搬到杭州去住的时候，（鲁迅）也曾写过一首诗送我，头一句就是'钱王登假仍如在'。这诗的意思，他曾同我说过，指的是杭州党政诸人的无理的高压。他从五代时的记录里，曾看到钱武肃王的时候，浙江老百姓被压榨得连裤子都没得穿，不得不以砖瓦来遮盖下体。这事不知道出在哪一部书里，我到现在也还没有查到；但他那句诗的原意，却就是指此而言。我因不听他的忠告，终于搬到杭州去住了，结果不出他之所料，被一位党部的先生弄得家破人亡。"

这首诗，在鲁迅的诗作中，独具风格。他运用了不少历史故事和典故，这在鲁迅的诗中是不多见的。鲁迅向来反对旧体诗中"故用僻典"。不过，这些典故都比较常见，为一般人所熟知，而且化腐朽为神奇，运用巧妙，对仗工整，不显雕琢的痕迹，历史与现实结合紧密贴切，发挥了古为今用的作用。

【注释】

本诗作于1933年12月30日，是为郁达夫的第一任妻子王映霞所书条幅。后收入《集外集》。

郁达夫（1896—1945）：浙江富阳人。著名作家，创造社成员之一。与鲁迅等共同发起"中国自由运动大同盟"，是左翼作家联盟的一员，曾主编左翼刊物《大众文艺》。在上海期间，与鲁迅过从甚密。

[钱王登假仍如在] 钱王虽然已经死去很久，但现在同他仍统治着浙江一样。意思是指国民党反动派统治下的浙江省和杭州市，同封建帝王统治时一样，压迫深重，民不聊生。

钱王：指五代时吴越王钱镠（音liú，留）。他是历史上有名的残暴霸主。

登假：同"登遐"；假，读xiá（遐）。古代帝王死亡之讳称。

《礼记·曲礼下》："告丧，曰天王登假。"孔颖达疏："登，上也；假，已也。言天子上升已矣，若仙去然也。"本诗中，假，仍可读本音。

[伍相随波不可寻] 忠贤的伍子胥已经随钱塘江的波涛逝去，不可寻。意思是在国民党反动统治的禁锢之下，反抗复仇者遭到严重压迫。

伍相：伍子胥，名员，春秋时人。他本是楚国人，因父兄都为楚平王所杀，逃亡吴国，并助吴伐楚，攻破楚都郢，鞭平王尸，报父兄之仇。后来吴越交战，越败。伍子胥劝吴王夫差不要接受越王勾践的投降，被吴王赐死，并用皮囊装其尸投入江中，故云"伍相随波"。

[平楚日和憎健翮] 平展展的丛林，风和日丽、风景秀美的杭州，不是雄鹰展翅翱翔的地方。意思是西子湖畔，风光绮丽，为名流阔人避暑消夏、学士文人吟风弄月之地，为富人安乐窝、闲人消磨意志处，却不是革命者驰骋战斗的所在。

平楚：即平林。大片森林，树与树并立生长，树梢平展，站在高处看，平展展如一块绿色平地。李白词："平林漠漠烟如织。"《升庵诗话》："楚，丛木也。登高远望，见木杪如平地，故云平楚；犹诗所谓平林也。"

日和：风和日丽的意思。

憎健翮：憎，憎恨、仇视；健翮（音hé，何），指翅羽雄健有力，这里比喻革命者。意思是杭州这个地方，风景绮丽，灯红酒绿，容易令人迷醉而消磨意志，不利于战斗者的生长；而当时国民党反动统治者，也对革命者和爱国进步人士加以严重压迫，不利于战斗。

[小山香满蔽高岑] 小山矮坡的野草闲花遮蔽了崇山峻岭的英姿。这是比喻当时杭州纸醉金迷的生活、柔弱淫荡的靡靡之音，以及地主、资产阶级的邪气恶风，遮蔽了人民处于水深火热之中的苦难、革命者流血牺牲的战斗。

小山香满：西子湖畔多小山；当时国民党官僚政客和地主、资产阶级富豪多在湖滨山间修建别墅，花园中造有假山。小山香满意指从这里发出的靡靡之音、邪气恶风。

高岑；岑，音cén，高山。

[坟坛冷落将军岳] 岳飞坟坛前，情景冷落，无人瞻仰。意指国民党反动派对外投降卖国，对内镇压人民的抗日爱国运动，像汉奸秦桧一样；因此，岳飞坟前冷落萧条。

将军岳：指岳飞。南宋爱国将领，被汉奸秦桧以十二道金牌从抗金前线调回，残杀于风波亭，死后葬于西湖畔，称岳坟。

本句为"岳将军坟坛冷落"的倒装。这是旧体诗中一种习用的表现手法。

[梅鹤凄凉处士林] 处士林和靖的梅鹤都感到冷清凄凉。意思是洁身自好、风节高雅的处士林和靖的遗风无人景慕。比喻在国民党反动统治下社会风气恶浊，反动统治者和剥削阶级争权夺势、陷害暗算、图名谋财。

处士林：指林和靖。宋代诗人林逋（967—1028），号和靖先生，钱塘人，一生不做官，不应朝廷征聘，隐居在西湖之滨，号称以梅为妻、以鹤为子，不事权贵，不图名利，所以称"处士"。死后葬西湖边，称林处士墓。

此句为"林处士梅鹤凄凉"之倒装。

[何似举家游旷远] 何如全家奔走在广阔天地。意为携领全家奔驰、战斗在祖国辽阔的天地中。

旷远：宽阔广大的所在。有的解释说是指解放区。按郁达夫当时的思想政治状况和全国斗争形势，鲁迅不可能劝郁携家去解放区。大批革命作家，包括共产党员作家去延安和其他根据地，都在抗日战争爆发以后。

[风波浩荡足行吟] 任凭它风波浩荡，正好由我写作战斗篇章。

鲁迅在《华盖集·题记》中所写的一段话，正是这两句诗的贴切说明："……我以为如果艺术之宫里有这么麻烦的禁令，倒不如不进去；还是站在沙漠上，看看飞沙走石，乐则大笑，悲则大叫，愤则大骂，即使被沙砾打得遍身粗糙，头破血流，而时时抚摸自己的凝血，觉得若有花纹，也未必不及跟着中国的文士们去陪莎士比亚吃黄油面包之有趣。"

以上两句，委婉地批评了郁达夫迁居杭州、逃避斗争的态度。当杨杏佛被刺后，林语堂等人四处逃奔，鲁迅当时在给曹聚仁的信中即曾给予批判，写道："继杨杏佛而该死之榜，的确有之，但弄笔之徒，列名其上者实不过六七人，而竟至于天下骚然，鸡飞狗走者，由智识阶级之怕死者半，盖怕死亦一种智识耳，孔子所谓知命者不立于岩墙之下也。"（《鲁迅书信集》）这里即批判了怯祸逃避的态度。

风波浩荡：大风大浪激荡。指国民党反动统治对革命者、爱国进步人士的迫害、摧残。

行吟：屈原遭谗，被黜后，披发行吟泽畔。

报载患脑炎戏作

横眉岂夺蛾眉冶，不料仍违众女心。
诅咒而今翻异样，无如臣脑故如冰。

【说明】

鲁迅说过，叭儿文艺家的本领，就在于诬陷、造谣、恐吓、辱骂。这自然都是低能的表现，即鲁迅所说的"心凶笔弱"，"文人无文"。造谣说鲁迅得了脑膜炎，就是这种情形。这是叭儿文艺家们在诬陷、中伤、恐吓以至杀戮都不能使鲁迅屈服、停止战斗的时候，恼羞成怒，发出来的诅咒。这就像叭儿狗在挨了棍子，步步后退时发出的嚎叫一样。鲁迅当时在一封信中谈到这件事时说："此辈心凶笔弱，不能文战，便大肆诬陷与中伤，又无效，于是就诅咒，真如三姑六婆，可鄙亦可恶也。"（《鲁迅书信集》）这里，鲁迅对"叭儿狗"们表现了极大的轻蔑与鄙视。

"叭儿"们的这种猖獗，表明他们反革命文化"围剿"的失败，只能使用最末的卑劣手段了。

这难道用得着认真对付吗？自然不用"大动干戈"，因为敌人拿出来的既无事实，又无"理论"，不用剖析，无须驳斥，只要以"戏作"对之，刮去其"鬼脸上的雪花膏"，揭出其丑恶灵魂就可以了。

"横眉岂夺蛾眉冶，不料仍违众女心"，我横眉冷对一切敌人，岂会与你们这班叭儿争夺你们主子的欢心？不料你们本性难改，心地卑微，仍然觉得不合心意，要施行攻击。真正是"三姑六婆，可鄙可恶"！但攻击却无技、无文，只知夹着尾巴狂叫，诅咒我得了脑膜炎，但我却健康如故。

鲁迅说过，战斗的作者的本领在于，注重于论争，"倘在诗人，则因为情不可遏而愤怒，而笑骂，自然也无不可。但必须止于嘲笑，止于热骂，而且要'喜笑怒骂，皆成文章'，使敌人因此受伤或致死，而自己并无卑劣的行为，观者也不以为污秽"。（《南腔北调集·辱骂和恐吓决不是战斗》）鲁迅这首诗，正是如此。他的诗作中，凡有这种嘲笑、热骂、讥刺之处，都表现了这种特点。

【注释】

本诗作于1934年3月16日，当天《鲁迅日记》记："闻天津《大公报》记我患脑炎，戏作一绝寄静农云：'横眉岂夺蛾眉冶，……。'"静农，即台静农，见前注。此诗后收入《集外集》。

[横眉岂夺蛾眉冶] 怒目而视的铁汉怎么会同妖艳的女人争夺其主子的欢心。此句讥刺国民党反动派的走狗、特务文人，总怕失去主子的恩宠，又用诅咒来讨其主子的欢心这样一种卑劣心理。

横眉：怒目而视的样子。鲁迅有"横眉冷对千夫指"句，横眉适与"蛾眉"对称。

蛾眉：也写作"娥眉"，女子长而美的眉毛，因以借代美人。白居易《长恨歌》："宛转蛾眉马前死。"

又，屈原《离骚》："众女嫉余之蛾眉兮，谣诼谓余以善淫。"以"众女"喻小人，而以"蛾眉"即美人自比。但鲁迅在这里，以"横眉"自比，而以"蛾眉"比为妖艳女人，以讥刺叭儿文艺家们的争宠。

冶：音yě（也），妖艳、妖艳的容色。《易·系辞上》："冶容诲淫。"

[不料仍违众女心]没有想到仍然不合妖艳女人的心意。

众女，见前注，这里喻叭儿文艺家们。

[诅咒而今翻异样]诅咒谩骂而今翻出了新花样。指国民党反动文人们咒骂鲁迅得了脑膜炎。

[无如臣脑故如冰]无奈我的脑子冷静如冰，健康如故。

鲁迅在作此诗前后数日，先后写信揭露此事说："顷接十日函，始知天津报上，谓我已生脑炎，……其实我脑既未炎，亦未生他病，顽健仍如往日。"在同时期给日本友人增田涉的信中又说："天津的报纸上还刊有我患了脑炎的记载，不过事实上我头脑冷静，健康如恒。"（《鲁迅书信集》）

臣，古人表示谦卑的自称。这里自称"臣"，含有讥刺的意味。

无　题（"万家墨面没蒿莱"）

万家墨面没蒿莱，敢有歌吟动地哀。
心事浩茫连广宇，于无声处听惊雷。

【说明】

本诗作于1935年5月31日。

毛泽东同志在1961年10月7日，曾将鲁迅这首诗书赠访华的日本友好代表团。毛泽东同志指出："这一首诗，是鲁迅在中国黎明前黑暗的年代里写成的。"周恩来同志在"文化大革命"期间同我国的一位老作家谈到了鲁迅，鼓励她多读点鲁迅的作品，还亲自背诵了这首

《无题》。

鲁迅在这短短的四句诗中，以高度的概括，揭露了国民党反动派的滔天罪恶，抒发了中国人民深沉的哀痛和愤恨，倾诉了自己深广的忧愤，并且，在万马齐暗中预言了革命春雷的震响，在黎明前的黑暗中预示了光明的必然到来。

当时的中国，充塞着黑暗，正如鲁迅所形容的："一夜已尽，……而高墙后面，大厦中间，深闺里，黑狱里，客室里，秘密机关里，却依然弥漫着惊人的真的大黑暗。"（《准风月谈·夜颂》）此时的中国，民族危机已到严重关头，日本帝国主义步步进逼，整个东北已经沦陷，华北五省遍地烽火，正酝酿着成立"自治"的汉奸政权，连北平古都也已如鲁迅所说："阔人已骑文化去，此地空余文化城"（《伪自由书·崇实》），日本侵略者的铁蹄已在北平街头践踏了。而国民党反动政府，在这民族垂危的当口，竟然对日寇的侵略，步步退让，不战而逃；却驱使大批军队去到内战前线，对湘赣革命根据地举行第五次反革命"围剿"。正如鲁迅在杂文中所揭露的："其实，现在一切准备停当，行都陪都色色俱全，文化古物和大学生，也已经各自乔迁。无论是黄面孔，白面孔，新大陆，旧大陆的敌人，无论这些敌人要深入到什么地方，都请深入罢。至于怕有什么反对运动，那我们的战略家：'虽流血亦所不辞！'放心，放心。"（《伪自由书·战略关系》）

与此同时，国民党反动派在反革命文化"围剿"中，对爱国言论，对革命作家和进步文人，施行残酷的禁压和屠杀。正如鲁迅愤怒地指出的："文禁如毛"，"禁锢得比罐头还严密"。就在鲁迅写这首诗的前两个多月，国民党反动派在上海查禁了149种进步书籍，禁止76种刊物发行，成立了"图书审查委员会"，公布了"图书审查方法"，规定"凡言抗日救国的都有罪"，甚至连封面是红色的书籍都要取缔。鲁迅著作更被严禁，文章难于发表，发表出来的也被砍削、窜改。

中国人民面对民族危亡的局面，在中国共产党的领导下，掀起了反对国民党投降卖国的抗日救亡运动。但是，蒋介石国民党竟用高压手段企图扑灭人民爱国运动的烈火。就在1934年春天到5月间，仅北平一地，就有数千名爱国青年被捕，有的被杀害，有的被投进监狱，有的被关进"反省院"。

这就是当时黑暗中国的情状。这一切都被凝练地、悲愤地写在这句诗中："万家墨面没蒿莱"。它悲愤地谴责和控诉了国民党反动派的法西斯专政：整个中国笼罩于黑暗之中，像一座大牢狱，全国人民因愤时忧国、受残酷剥削而面黄肌瘦；像面颊刺字的囚徒。人民在外寇内敌的压迫摧残下，流离失所，抛尸旷野，没于荒甸。就像鲁迅在《我们不再受骗》一文中所揭露的："中国的人民，在内战，在外侮，在水灾，在榨取的大罗网之下，排着长串而进向死亡去。"（《南腔北调集》）

在这样的内忧外患之中，这样的黑暗统治之下，敢有所歌吟，怎能不是其哀恸足以惊天动地，或者说，岂敢有所歌吟，来引动祖国人民的哀痛呢！？然而，这是黎明前的黑暗。在光明黑暗之交，方生未死之际，诗人心潮汹涌，心事浩繁广远如旷野大地，他深信光明已如运行着的地火，不久就将冲破黑暗的牢笼，万马齐暗中已听见春雷的滚动声。这年4月，中国共产党提出了著名的《抗日救国六大纲领》，经宋庆龄等爱国人士签名公布。这个纲领提出了"全体陆海空军总动员对日作战"的号召，提出了"全国人民总动员""全国人民总武装""成立全民族武装自卫委员会"等主张和口号，得到了全国人民的热烈拥护。这就是弥天黑暗中闪动的火炬的光亮，预告着抗日高潮即将到来，革命风暴就要来临。鲁迅的诗句"于无声处听惊雷"，反映了这个革命现实，并以铿锵有力、精练含蓄的语言，深刻地揭示了革命事业发展的规律：黎明前的黑暗，暴风雨来临前的沉寂，表示的不是黑暗势力的强大，而是反动派表面的狰狞掩盖着内里的虚弱；敌人空前的疯狂，显示了垂死的挣扎；真正的无产阶级革命家，在黑暗中能预见光明，于无声处听到惊雷。周恩来同志对于鲁迅的这种革命精神和高贵品德，给予了高度的评价。他在鲁迅逝世两周年的题词中指出："鲁迅先生之伟大，在于一贯的为真理正义而倔强奋斗，至死不屈，并在于从极其艰险困难的处境中，预见与确信有光明的将来。"

【注释】

本诗作于1934年5月31日，系书赠日本友人新居格的。后收入《集外集》。

新居格：日本社会评论家，于1934年来华访问。

［万家墨面没蒿莱］人民都像罪犯一样，面黑身瘦，辗转迁徙，流落、死亡在草莽间。

万家：千家万户，指广大人民。

墨面：古代一种刑罚，在罪犯的脸上刺字。这里的意思是：国民党法西斯统治，使全国成了一座大监狱，人民像囚犯一样生活。也可理解为人民面色黑瘦。

鲁迅在《且介亭杂文末篇·写于深夜里》中写道："我先前读但丁的《神曲》，到《地狱》篇，就惊异于这作者设想的残酷，但到现在，阅历加多，才知道他还是仁厚的了，他还没有想出一个现在已极平常的惨苦到谁也看不见的地狱来。"

没蒿莱：埋没于蒿草中，即鲁迅所指出的："民无死所"，也可理解为：出没于荒野草丛中。李白诗："我辈岂是蓬蒿人"（《南陵别儿童入京》），蓬蒿人即生活、出没于草野间的人。

没：音mò（末），埋没、掩没。

蒿：音hāo，野草。

[敢有歌吟动地哀] 谁敢歌吟人民动地的哀伤。这是一句激愤的反问语。

鲁迅1933年6月致林语堂信中说："天王已无一枝笔，仅有手枪，则凡执笔人，自属全是眼中之钉，难乎免于今之世矣。"（《鲁迅书信集》）

[心事浩茫连广宇] 我心里想的事广阔无边，连通着广大国土上的人民。

心事：指对国民党反动统治的愤恨，对人民苦难的同情，对革命胜利的期望等。

浩茫：广阔无边。《水经注·泿水》："登高远望，睹巨海之浩茫。"

[于无声处听惊雷] 在人民被禁压得连呻吟也不允许的沉寂中，谛听到革命惊雷的滚动声。

秋夜有感

绮罗幕后送飞光，柏栗丛边作道场。

望帝终教芳草变，迷阳聊饰大田荒。

何来酪果供千佛，难得莲花似六郎。

中夜鸡鸣风雨集，起然烟卷觉新凉。

【说明】

这首诗作于 1934 年 9 月末，距离作《无题》（"万家墨面没蒿莱"）仅四个月。鲁迅在诗中，以愤怒的谴责、辛辣的讽刺，指出国民党反动官僚政客在民族危亡日急、人民苦难日深的情况下，还过着醉生梦死、荒淫无耻的生活，他们在屠杀共产党人、革命人民的刑场旁边，假惺惺地作道场，欺世惑众。革命的文学艺术在反革命"围剿"下遭摧残，灾难深重的中国大地一片荒凉。诗的前半首以高度概括和形象化的手法，揭露了国民党反动派昏庸、残暴、阴险、虚伪的丑恶面貌。后半首，慨叹人民在反动统治者和剥削阶级的残酷压榨下，已经民穷财尽；以辛辣的讽刺揭露反动文人诌媚国民党法西斯专政。但是，面对这"如磐遥夜"，表示了坚决斗争的决心，描写了鸡鸣可闻、风雨密集，黎明的曙光就要在东方地平线上出现的情景。

【注释】

本诗作于 1934 年 9 月 29 日，是书赠友人张梓生的。后收入《集外集》。

张梓生是鲁迅早年的友人。1933 年他接替黎烈文主编《申报》副刊《自由谈》。他为了请鲁迅写稿，接受了鲁迅更换笔名发表作品的条件，鲁迅杂文得以继续在《自由谈》上发表。

[绮罗幕后送飞光] 在豪华的幕帷后面度过飞逝的光阴。

这句揭露国民党官僚政客、达官显贵过着纸醉金迷、荒淫无耻的生活。

飞光：飞逝的时光。李贺诗《苦昼短》："飞光！飞光！劝尔一杯酒。"

绮罗：绫罗绸缎，此处指舞厅、妓院的华贵帷幕。

[柏栗丛边作道场] 杀人不眨眼的刽子手们在刑场旁边供佛作法。

这句揭露、抨击国民党反动头目们，一面屠杀人民和革命者，一面却烧香拜佛，诵经作法，"又作屠夫，又当佛子"。他们这样做，既欺世盗名，又欺骗麻痹群众。

柏栗丛边：意指刑场旁边。我国古时在社神之处杀人，而社神用的树木有松、柏、栗，故以柏栗丛喻指刑场。

道场：旧社会豪门贵族、官僚政客请和尚道士念经作法，称为"作道场"。

[望帝终教芳草变] 杜鹃啼血使芳草都沾满血痕。意思是在国民党反革命文化"围剿"下，革命文艺被摧残，左翼作家被杀戮，"中国的无产阶级革命文学在今天和明天之交发生，在诬蔑与压迫之中滋长，终于在最黑暗里，用我们的同志的鲜血写了第一篇文章。"（《二心集·中国无产阶级革命文学和前驱的血》）

望帝：杜鹃鸟，相传是古蜀帝杜宇的魂所化，所以又叫杜宇，也可称"望帝"，即企望蜀帝。春天鸣叫，鸣声凄厉，传说要啼至出血而止。

芳草：喻革命文化事业、革命作家。

[迷阳聊饰大田荒] 百花消歇，只有野草生长，权且装饰一片荒凉的大地。

鲁迅《野草·题辞》："生命的泥委弃在地面上，不生乔木，只生野草"，"我自爱我的野草，但我憎恶这以野草作装饰的地面。"

迷阳：荆棘、野草。《庄子·人间世》："迷阳迷阳，无伤吾行。"《庄子义证》："荆楚有草，丛生修条，野人呼为迷阳。"

聊：姑且。

大田荒：大地的荒芜。

[何来酪果供千佛] 哪来那么多果品乳酪供奉成千上万的菩萨。指当时衣不蔽体、食不果腹的人民没有东西供奉国民党反动官僚政客和地

主、资产阶级。

酪：音lào（烙），用动物的乳汁做成的半凝固食品，或用果实做的糊状食品。

［难得莲花似六郎］没有莲花六郎的美貌来讨反动派的喜爱。这是讽刺当时的反动文人，卖身投靠国民党反动派，充当鹰犬；也表示自己绝不取媚国民党反动派。鲁迅的"横眉冷对千夫指""横眉岂夺蛾眉冶"句，意思类似，可参考。

莲花六郎：《唐书》载，张昌宗"美姿容"，与兄弟易之都为武则天所宠，擦粉着锦，宫中号为"六郎"，所谓"人言六郎似莲花，非也，正谓莲花似六郎耳。"这里以张昌宗喻指反动文人。国民党特务张春桥、叛徒特务姚蓬子即这种人。

［中夜鸡鸣风雨集］半夜时分，在风雨密集中听见雄鸡啼鸣。象征国民党的黑暗统治已不长久了。

中夜鸡鸣：《诗经》："风雨如晦，鸡鸣不已"，诗句由此化出。

［起然烟卷觉新凉］起来点燃一支烟卷，感觉到深秋凉意。这句以写景纪实，象征光明虽不远，但斗争仍艰苦。

然，同燃，点燃。

题《芥子园画谱》三集赠许广平

十年携手共艰危，以沫相濡亦可哀。
聊借画图怡倦眼，此中甘苦两心知。

附：许广平遗稿《说明几句》：

鲁迅赠我的书，常常简单写下几个字，芥子园画谱集亦类此。这是我记得的。但藏书不在一地，或世事匆忙，就搁置起来了。在1949年上海解放后,我由京回到上海,经一月之久,把在上海住了十多年的家分为四份:一部分什物存在上海鲁迅纪念馆,一部分鲁迅藏书捐给北京鲁迅博物馆,一部分鲁迅全集出版社的存书、纸版等转到有关单位处理,一部分自己书籍等、凡是鲁迅逝世后的私人物品归回自己保存。那些书交回我手时,另因工作关系,也从未打开一视。昨偶检藏书,却在芥子园画谱三集首册内,赫然见此旧诗,触景生情,追忆几句:所说"戌年",乃1934年。购得此书,共同披览之下,因彼此都爱好书画,即蒙鲁迅见赠,并题字纪念。岁月不居,忽然已隔三十年之久了。

诗中有云"十年携手",则是指从1925—1934年,是指我在女师大读书和他通信(见《两地书》)时算起。但就在这时期中,鲁迅从北京到厦门、广州,最后定居上海,正是大时代动荡的十年,也是鲁迅后半期工作最多的十年。因时常处在"围剿"的景况中,革命者的心情,是体会得到的:世事抑郁,时萦心怀,偶听佳音,辄加振奋,故有"甘苦相知"的话。其实每见他遇有障碍,难免感叹时兴,不能自解,则惧影响前进,无非随时随地,略尽其分忧、慰藉之忱,或共话喜悦,相与一笑,俾滋鼓舞之意。而鲁迅却说"两心知",则大有"相率而授命"(《鲁迅书简》第十七页)的含意,却是深知我的性格者的话,作为一个革命者的胸怀,体会是无微不至的。这虽说明了当时被压迫人民的悲愤心情,但也表白出鲁迅作为革命者在压力和曲折下,仍不忘设法借画图怡悦心情的一面。追忆往事,不禁怃然。

1964年10月×日　许广平

【说明】

"十年携手共艰危"这句诗,概括了从1925年到1934年鲁迅与许广平并肩战斗、患难与共的十个春秋。这是大动荡、大搏斗的十年,充满了惊涛骇浪的十年。这期间,鲁迅经历了第一次国内革命战争的胜利与失败,完成了思想历程上由激进民主主义者到共产主义者的飞跃。在这十年中,鲁迅代表中华民族,以无产阶级伟大战士的英姿,在文化战线上,向着帝国主义、封建主义、新旧军阀,冲锋陷阵,进行了最英勇、最坚决、最正确的战斗,作出了不朽的贡献,成为中国文化革命的主将和英勇旗手。在北洋军阀、国民党反动统治不断的残酷迫害下,在反革命文化"围剿"中，鲁迅出走北京，南下厦门，奔赴广州，再由广州到上海定居，动荡不定，战斗紧张。在个人生活上，也经历了一番波折与变化。在这样不平凡的艰苦战斗的十年中，始终有一个亲密的同志与他并肩携手，共同战斗。她就是许广平。在这整整十年艰苦战斗的岁月中，许广平作为鲁迅的学生、助手和战友，尽了她的心力，作出了自己的贡献。鲁迅以"共艰危""两心知""以沫相濡"来概括他们共同的战斗经历，也表达了他对许广平的诚挚谢忱和真切评价。

从1928年到写这首诗时的五年中，许广平基本上停止了自己的写作生活。她把主要精力用在照料鲁迅的生活、协助鲁迅工作上。在这方面，当时与鲁迅过从甚密的已故女作家萧红，在她的《回忆鲁迅》中，有过真切细密的描述。

从这些描述中，我们看到鲁迅为了传播革命文化，冲破"围剿"，有时自费印书或出资为新进作家出版作品，一次就动用数百元以至于上千元（银元），然而许广平却穿着旧衣、自制的棉鞋、掉了纽扣的便服；无论天晴或下雨，只要有事（寄信或买菜），就徒步上街。她深刻地认识到鲁迅对于中国革命和无产阶级文化事业的伟大价值，自觉地为鲁迅分担一切。在《两地书》中，我们读到，鲁迅曾经为"'我不太将人当作牺牲么'这一种思想"所苦恼，而许广平则说："其实那一个人并非一定专为别人牺牲，而且是行其心之所安的，你自己何必如此呢。"她在《说明几句》中所说的："随时随地，略尽其分忧、慰藉之忱，或共话喜悦，相与一笑，俾滋鼓舞之意"，很好地说明了这种拳拳之心。

这首诗还从一个侧面反映了鲁迅的战斗生涯。鲁迅很少有休息的时候，转换写作和读书的内容，比如伏案写作或读书疲乏了，就坐在躺椅上看一会报刊或图画，这就是休息。"聊借画图怡倦眼"，十分贴切地概括了他这种辛勤工作、不知疲劳的精神。

【注释】

这首诗1934年12月9日题在《芥子园画谱》三集首册扉页上。最初发表在北京大学《文化批判》1968年第二期。《诗刊》1976年第九期根据周海婴同志提供的鲁迅题诗手迹复制件重新发表，原诗无题。题目是根据鲁迅赠诗的事实补拟的。

《芥子园画谱》是中国画技法图谱，曾被当作学习中国画的基础教材而广泛流传。此书为清代王安节、王宓草、王司直兄弟，应沈心友之请编绘的。因刻于沈之岳父、清代著名剧作家李渔的别墅芥子园而得名。

〔十年携手共艰危〕并肩战斗十年，共同度过艰危的岁月。

1925年许广平在北京女子师范大学学习，鲁迅在女师大兼教。1925年3月两人开始通信，到题诗的1934年，前后历时十年。

〔以沫相濡亦可哀〕像干涸池塘里的鱼一样，用唾沫相湿，这情景与心情，令人哀怨。意思是在敌人的重重压迫下，两人共同战斗，甘苦共尝，互相关心，互相帮助。"亦可哀"则表现了对敌人悲愤的控诉。

以沫相濡：语出《庄子·大宗师》："泉涸（hé），鱼相与处于陆，相呴（xǔ）以湿，相濡以沫。"庄子的原意是"相呴以湿，相濡以沫"并不可取，而要"相忘于江湖"才好。鲁迅借用时，则赋予了积极意义。

〔聊借画图怡倦眼〕聊且借翻阅画图来舒展疲倦的双眼。

怡：音yí（移），快乐。

〔此中甘苦两心知〕这中间的甘苦，我们两人心相知。

亥年残秋偶作

曾惊秋肃临天下，敢遣春温上笔端。
尘海苍茫沉百感，金风萧瑟走千官。
老归大泽菰蒲尽，梦坠空云齿发寒。
竦听荒鸡偏阒寂，起看星斗正阑干。

【说明】

本诗作于1935年12月5日。

鲁迅写作这首诗时，正是国难日益深重，民族命运更加垂危的时期；但也是全国人民在中国共产党的号召和领导下奋起战斗，掀起抗日爱国运动高潮的时期。中国工农红军在中国共产党和毛泽东同志率领下，长驱两万五千里，胜利到达陕北，完成了战略转移，开始了北上抗日。国民党统治区的抗日救亡运动蓬勃兴起。抗日民族统一战线在中国共产党的停止内战、团结抗日的号召下，广泛深入地发展。但是，蒋介石国民党却继续倒行逆施，对日投降卖国，对内严禁抗日。当蒋介石集中力量对长征中的红军围追堵截时，日本帝国主义发动了新的侵略。这年5月，日本向国民党提出了控制整个华北的要求。6月，国民党政府的代表何应钦和日本代表梅津美治郎签订了可耻的《何梅协定》，并照协定撤走了国民党驻河北的中央军和东北军，接着又成立了日寇主使、汉奸出面组成的"冀东防共自治政府"。与此同时，日本特务大批潜入中国；大批日货滚滚而来，二十多亿元的日本垄断资本也趁机侵入。在敌寇的步步进逼面前，国民党反动政府节节退让，把国土和主权拱手奉送给敌人，把人民推进亡国的深渊。他们在华北的反动机构、军政人员、奔逃作鸟兽散。他们把北平的古物、玉佛南迁。在日寇面前一副奴颜怯态，但却举起屠刀，砍杀爱国抗日的学生、群众和革命者。当时的中国，正如中国共产党发表的《八一宣言》中所指出的："亡国灭种大祸迫在眉睫"。毛泽东同志指出："这种情形，就给中国一切阶级和一切政治派别提出了'怎么办'的问题，反抗呢？还是投降？或者游移于两者之间？"全国人民的回答是：反抗。但是，国民党反动派的回答却是投降。他们配合日本帝国主义的进攻，镇压人民的抗日活动，压制任何抗日言论。这年5月，《新生》周刊仅仅是在《闲话皇帝》一文中提到了日本天皇裕仁的名字，日本方面提出抗议，国民党反动政府就诚惶诚恐查封《新生》周刊，将主编杜重远逮捕判处徒刑。更由此进一步大批查禁书刊，在上海成立"中央宣传图书杂志审查委员会"，压制进步言论。那情形正如鲁迅所揭露的："在这种明诛暗杀之下，能够苟延残喘，和读者相见的，那么，非奴隶文章是什么呢？"（《花边文学·序言》）鲁迅愤慨地指出："我的不正当的舆论，却如国土一样，仍在日即于灭亡。""人民在欺骗和压制之下，失了力量，哑了声音"，"只好永远钳口结舌，相率被杀，被奴。"不仅如此，国民党反动派还和日本帝国主义者的宣传一唱一和，大演反革命双簧。日本外相田弘义发表"中日亲善""经济提携"的糖衣裹着毒药的演说，国民党的御用文人胡适发表劝日本"征服中国民族的心"的汉奸言论。同时，国民党反动派钻在革命营垒里的反革命别动队，在做着向敌人献媚和替敌人缴械的工作。当时，鲁迅为青年作家萧军（又名田军）写的小说《八月的乡村》作了一篇序，指出这本书述说东北三省被占的事情，"作者的心血，失去的天空，土地，受难的人民，以至失去的茂草，高粱，蝈蝈，蚊子，搅成一团，鲜红的在读者眼前展开，显示着中国的一份和全部，现在和未来，死路与活路。""这书却于'心的征服'有碍。"（《且介亭杂文二集·田军作〈八月的乡村〉序》）这时候，国民党反革命别动队的一个可耻的特务张春桥就躲在"三月的租界"里，攻击、诬蔑鲁迅。张春桥的用心就是极力扼杀于"心的征服"有碍的小说，替国民党反动派缴械。

"曾惊秋肃临天下，敢遣春温上笔端"这两句诗，就是概括了这种"亡国灭种大祸迫在眉睫"的形势和国民党反动派想要"百姓永远钳口结舌"的黑暗状况，控诉了国民党反动统治的滔天罪行。面对民族垂危、人民受难的令人悲愤的景象，鲁迅心事浩茫，无限忧愤（"尘海苍茫沉百感"）。他愤慨地指出，恐怕将来老了，连吃草根树皮的处所都难找到；像从云端坠落下来一样的惊梦，令人不寒而栗。但是，这不过是悲愤的控诉和深沉的感慨，流露的不是悲凉与绝望，表现的却是仇恨与斗志。

鲁迅把希望寄托在以毛泽东同志为首的中国共产党身上。这一年10月，当红军胜利到达陕北时，鲁迅致电中共中央热烈祝贺，并深情地说："在你们身上，寄托着人类和中国的将来。"在这之前，8月1日，中国共产党中央委员会发表了著名的宣言，号召"停止内战，以便集中一切国力（人力、物力、财力、武力等）去为抗日救国的神圣事业而奋斗"，号召"全体同胞：有钱的出钱，有枪的出枪，有力的出力，有专门技能的贡献专门技能，以便我全体同胞总动员，并用一切新旧式武器，武装起千百万民众来"。这宣言，是冲破黑暗的火炬，打破沉寂的惊雷。在中国共产党的号召和领导下，在党的抗日民族统一战线政策的组织下，全国工人、农民、学生和各阶层人民掀起了一个广大的抗日民主运动。全国抗日高潮即将出现。"竦听荒鸡偏阒寂，起看星斗正阑干"，黑暗即将过去，光明就在前头。夜空中星斗纵横，明亮的北斗星就在陕北上空。

这首诗是鲁迅书赠给老友许寿裳的。许寿裳在《鲁迅旧体诗集跋》中有这样的记述和评语："至于最末一首《亥年残秋偶作》系为余索书而书者，余亦在《怀旧》中首先发表。此诗哀民生之憔悴，状心事之浩茫，感慨百端，俯视一切，栖身无地，苦斗益坚，于悲凉孤寂中，寓熹微之希望焉。"

这是鲁迅的最后一首旧体诗。从书法来讲，这一条幅是鲁迅的绝笔。在这绝笔中，他抒写了自己翘首北望，仰看北斗星，心向中国共产党和毛泽东同志的革命情怀。

【注释】

本诗作于1935年12月5日。

许寿裳在《我所认识的鲁迅》中记述经过说："去年我备了一张宣纸，请他写些旧诗，不拘文言或白话，到今年七月一日，我们见面，他说去年的纸已经写就。时正卧病在床，便命景宋检出给我，是一首《亥年残秋偶作》。"

本诗后收入《集外集》。

[曾惊秋肃临天下] 震惊于秋天的肃杀临罩天下。指民族垂危，国难深重，国民党反动派的黑暗统治笼罩全国。

秋肃：指秋天草木枯落的肃杀景象。

[敢遣春温上笔端] 哪能把春天的温煦送上笔端。意思是不能写作、发表革命的作品。这里谴责了在国民党白色恐怖、反革命文化"围剿"下，革命文化受摧残，进步言论遭严禁，革命作家被杀戮。

鲁迅在作此诗前几个月写的《准风月谈·后记》中对国民党反动统治及其帮凶帮闲文人的鬼蜮行径作了深刻的概括："献检查之秘计，施离析之奇策，起谣诼兮中权，藏真实兮心曲，立降幡于往年，温故交于今日"。

[尘海苍茫沉百感] 国民党反动统治下的中国，凄凉茫茫，我心头沉重地压着无限的忧愤。

尘海：人世，这里指当时在国民党统治下的中国。

百感：种种感慨。

[金风萧瑟走千官] 萧条凄凉的深秋季节，国民党反动派的军政官员纷纷奔逃。

这年9、10月，国民党反动派根据丧权辱国的《何梅协定》，遵照日本帝国主义的旨意，把驻河北、察哈尔两省的军队全部撤走。国民党反动政府驻河北的党政机关官员也都仓皇南撤，一时间如丧家之犬，夹着尾巴奔逃。

金风：秋风。

萧瑟：秋风声。

千官：言官员众多。《荀子》："古者天子千官。"杜甫《喜达行在所三首》："影静千官里。"

［老归大泽菰蒲尽］老来归隐大泽连吃野菜睡蒲草的地方都没有。意思是由于国民党反动派的重重迫害，无处安身。鲁迅在《无题》（"烟水寻常事"）中有"无处觅菰蒲"句，意思相似。

当时，鲁迅政治上受到严重迫害，经济上由于进步出版业遭摧残，自己的著作被禁压，版税无着，生活困难。在写此诗时期给曹靖华的信中说："市面甚萧条，书籍销路减少，出版者也更加凶起来，卖文者几乎不能生活。我目下还可敷衍，不过不久恐怕要受到影响。"（《鲁迅书信集》）

鲁迅为了继续从事学术研究，完成写作《中国文学史》《中国文字变迁史》等学术巨著的计划，也为了生活能稍微安定一些，曾有回北京居住一二年或长期定居的打算，然而，"我欲北归，但一想到彼地'学者'，辄又却步。"（《鲁迅书信集·致李秉中信》）至于故乡绍兴或其他乡间，生活费用当然小些，但远离斗争漩涡，而且浙江当时在国民党统治下，对鲁迅压迫更甚。鲁迅在给曹靖华信中又说："书店很冷落，我的版税大约就要受到影响，于是也影响于生活。但我想无论如何，也不能退入乡下，只能将生活状况收缩。"（《鲁迅书信集》）这些，可为"老归大泽菰蒲尽"的注脚。

大泽：广大的湖泊沼泽之地。古代避世的贤者和被放逐的人，常以这种地方为隐身之处。

菰：同菇，多年生禾本科植物，生水中，嫩芽像笋，即茭白。秋天结实像米，可以做饭，叫菰米。

蒲：蒲草，生水中，蒲草可作铺垫。

［梦坠空云齿发寒］有如梦里从云空中坠落下来，连牙齿头发都觉着寒冷。

[竦听荒鸡偏阒寂] 挺身肃听荒野的鸡鸣声，更感到大地寂静。意思是在国民党反动统治下，整个中国万马齐喑。在这中间，听见革命的战斗的声音，更感觉周围的寂静。

竦听荒鸡：挺身静听荒野的鸡鸣声。比喻在万马齐喑中谛听革命的声音。

竦：音 sǒng（耸），挺立，亦可解作肃敬。竦听：挺身静听。

偏阒寂：更显得寂静。

阒：音 qù（去），形容寂静。

[起看星斗正阑干] 起身仰看天空，正星斗横斜，天快亮了。光明即将来临。

阑干：横斜。

下部

在世界的海边——鲁迅的少年时代

写在前面

这本小书的名字叫《在世界的海边》。为什么叫这样一个名字呢?

你听说过印度的著名诗人泰戈尔吗?他很喜爱孩子,孩子们也爱读他的书。他写过一本诗叫《新月集》。《新月集》里有一篇《海边》,里面这样写道:

> 孩子们会集在无边无际的世界的海边。
>
> 他们拿沙来建筑房屋,拿空贝壳来做游戏。他们把落叶编成了船,笑嘻嘻地把它们放到大海上。孩子们在世界的海边,做他们的游戏。

最后,是这样地写着:

> 孩子们会集在无边无际的世界的海边。狂风暴雨飘游在无辙迹的天空上,航船沉碎在无辙迹的海水里,死正在外面活动,孩子们却在游戏。在无边无际的世界的海边,孩子们大会集。

这是说,世界就像一个无边无际的海洋,孩子们生活在世界上,就像游戏在这个海边。他们在这个世界之海的沙滩上做着各种游戏,无忧无虑。然而,大海却不平静,它咆哮,涌起波浪;天上有狂风暴雨,海里有航船沉碎了,还有死亡。然而孩子们还在游戏。

孩子们自己另有一个世界。这叫"孩子们的世界"。泰戈尔在《孩子的世界》这首诗中，又写道：

> 我愿我能在我孩子自己的世界的中心，占一角清净地。我知道有星星同他说话，天空也在他面前垂下，用它傻傻的云朵和彩虹来愉悦他。那些大家以为他是哑的人，那些看去象是永不会走动的人，都带了他们的故事，捧了满装着五颜六色的玩具的盘子，匍匐地来到他的窗前。

这就是孩子的世界，在这个世界里，星星会同孩子们说话，天空也为他垂下来，云朵和彩虹不过是上天拿来讨孩子们欢喜的玩物。一切鲜艳的、美丽的，一切人或动物或植物，都是孩子们的朋友，大家在一块玩耍。

孩子们就这样在世界的海边玩耍，而不理睬这个纷扰的世界里发生了什么惊涛骇浪。他们在自己的世界里欢乐嬉戏。

然而，那个世界的大海，逐渐会用她的波涛，她的吼叫，她的激流，来侵袭孩子的世界，最后把孩子卷进世界的大海。

鲁迅，也像每一个孩子一样，在幼小的时候，来到世界的大海之滨，做他的游戏，沉浸在自己的世界里。然而，世界的纷扰，也不断地、强制性地侵入他的世界。他就这样在两个世界的交替变换中，一天天成长起来，形成自己的思想、性格及对世界（当然也包括对社会、人生）的看法，也培养了自己的兴趣与爱好。

任何伟大的人物，都是他所处的时代和社会的产物，而不是什么"几百年才出一个"的圣人、超人或"天才"。鲁迅也是这样。然而，有些人在林彪、"四人帮"鼓吹的天才论的影响下，把鲁迅捧得神乎其神，说他还是个孩童时，就很懂得反对封建思想、封建道德。这当然都是些胡说，违背事实，违背历史唯物主义。其实，当鲁迅嬉戏在百草园时，当他游玩在湖光山色间时，当他在橘子屋读书时，以至后来和农民小朋友在安桥头的河边捕虾钓鱼，在河边看社戏时，他同所有的小朋友都是一样的"凡人"。当然，对于这些生活，各个孩子的感受不同，而鲁迅确实表现出了他自己的特质。当他长大以后，当铺里的人的冷眼，庸医的贪财而误人，父亲的痛苦，母亲的忧愁及兰爷爷的孤寂，明爷爷的惨死，还有衍太太的流言，则又深深地刺伤了他，影响了他的思想、性格。但同时，又有山水的秀美、书籍的陶冶、自然科学知识的教育及民间艺术的熏陶。这些，又像是心灵的甘露一样，养育了他。他在少年时代那些深印在心里的不能忘记的事情和人物，到了后来，有的成为他的创作的素材，有的成了他向封建社会射击的子弹。

　　从鲁迅少年时代所经历的一些事情中，我们不仅能见到他作为一个伟大的文学家、思想家和革命家，是如何成长起来的，而且也能从他成长的途径中，想到我们自己应该和可以学习到一些什么东西。而对于父母们来说，也还可以从中体会到我们应该怎样更好地教育、引导孩子健康成长的道理。我不知道我是否写出了鲁迅在少年时代，在自己那个"孩子的世界里"怎样欢乐地生活，而后来，又怎样被"世界的大海"的波涛冲击，而有了自己的哀痛、悲伤与苦恼。不过，我想读过这些真实的故事的小朋友们，是会体会到其中的滋味的吧。

第一章 童年生涯

当他来到世界的海边……

你知道鲁迅是什么时候来到这个世界的海边吗？那时候的中国又是怎样的情形呢？

鲁迅出生在1881年9月25日（农历辛巳年八月初三）。这是清光绪七年的时候。

他出生的地方是浙江省绍兴府会稽县东昌坊口的新台门周家。

台门，是当时对名门望族宅第的称呼。当鲁迅出生的时候，这台门已经不新了，周家这个大家族也开始没落了。不过，鲁迅家的生活还过得去。祖父周福清正在京城里做官，家里还有四五十亩水田；父亲周伯宜是个秀才，这时闲居在家。当时，鲁迅家里有曾祖母、祖母、父亲、母亲、姑母等一大家人。

"恭喜老爷得了一个孙少爷！"

喜报传到了在京城里做官的祖父那里。正在这当儿，门外又报：

"张老爷到！"

祖父笑呵呵地说：

"这孩子的乳名就叫阿张吧！"

以后，正式的名字叫樟寿，字豫山。但家里人说："豫山、豫山，好像叫'雨伞'一样。"这样，就又改叫豫才了。等到他18岁到南京去上学时，一个本家长辈又给他取了个学名叫"树人"。"鲁迅"这个名字是他在五四运动前，发表第一篇小说时才用的。

以后，这个名字就传遍了中国、影响了世界，在中国年代文学史上，闪耀着光华。

鲁迅出生的时候，中国社会已经沦为半封建半殖民地社会了。帝国主义列强的大炮轰开了闭关锁国的清朝封建帝国的大门。马克思打了个比方：封建帝国好比一具保存得很好的死尸，它一接触到外界的空气，就腐烂了。真是这样，封建老大帝国，非常迅速地垮了下来。但是，在反动统治腐朽没落的同时，中国人民在遭受到越来越重的剥削压迫中，也加快了觉醒的过程。他们忍无可忍，拿起了刀枪，奋起反抗、斗争。

彭定安文集 ②

鲁迅：诗歌与少年

在这样的时代，绍兴古城笼罩着浓重的腐朽、愚昧、停滞、沉闷的气氛，充塞着剥削者、反动统治者的狞笑与荒淫，劳动人民的血泪与痛苦；也游荡着没落地主阶级的飘零子弟，他们的家庭在农民起义的打击、帝国主义的侵略和资本主义的排挤下，破落了。

这时，在绍兴城里，在封建古董之外，也出现了一些新鲜的东西：在孔庙、城隍庙之外，又有了天主教堂；在和尚、道士之外，又增加了神父；在私塾之外，出现了洋学堂；在土布山货之外，出现了日用洋货；在古老店铺之林中，夹进了照相馆。……

鲁迅就在这样的时代，这样的社会中，成长起来。

两次"出家"

鲁迅是农历八月初三日来到人世的。这是个不一般的日子，据说灶王爷也是这一天出生的。

这一年，还是个闰年。而且，据鲁迅的母亲说，鲁迅出生时的包衣（就是胎盘）是"蓑衣包"，大概是指胎盘的质地很薄，像是蓑衣吧。老人们迷信，说是：跟菩萨同生日，又是闰年生的，又是"蓑衣包"，这样的孩子是很少的，"物以稀为贵"，将来会有大出息。但是，越有出息，越金贵，越怕养不大。怎么办呢？家里人决定到菩萨那里去给他"记名"。"记名"就是到菩萨那里去报名的意思。报过名，算是已经"出家"，就好养活了。

这是鲁迅第一次"出家"。

后来，家里人还是不放心。要知道，他是周家兴房这一支的长子、长孙呢。于是，又把他抱到庙里去拜和尚为师，这就"出家"出得更彻底一些了，已经是"小和尚"了嘛。师父给他取了个法名，叫长庚。

长庚，就是长命百岁。

"我喜欢大家都赢"

正月里是新春，家家户户热热闹闹。周家连平常的规矩都可以打破：大人们可以在一起玩玩纸牌，掷掷骰子。

这天，鲁迅的父亲也同本家几位长辈坐到桌前玩牌。

四五岁的鲁迅，高兴地在牌桌间跑来跑去玩着。一会儿，他挨近父亲的身边，看玩牌。有一位本家长辈逗他说：

"阿樟，你欢喜哪一个人打赢？"

鲁迅睁着圆圆的眼睛，高兴地回答说：

"我喜欢大家都赢！"

"哈、哈、哈——"

大家都被他这天真而有意思的回答逗笑了。

"胡羊尾巴！胡羊尾巴！"①

那位长辈连连点头，笑着称赞。

从此，"胡羊尾巴"就成了他的外号了。

百草园，我的乐园

鲁迅幼年的乐园在他家的后院，它的名字叫"百草园"。可是，这儿并不是长满了杂草、别的什么都没有。这里有碧绿的菜畦，光滑的石井栏，高大的皂荚树；紫红色的桑葚挂在树枝上，何首乌的藤和木莲藤缠绕在一起。这里还有大自然的美妙乐曲：蝉在树叶上长鸣，油蛉却只是低低地吟哦，蟋蟀在草窝里弹唱。这里充满了活气：肥胖的黄蜂伏在菜花上采粉；轻捷的"叫天子"，也就是云雀，会忽然从草窝里窜出，"唧唧"地欢唱着，直钻向云霄；还有蜈蚣在爬行；斑蝥呢，更招人稀罕：它会变"戏法"，你用手指头按住它的脊梁，它便会"啪"的一声，从后窍里喷出一股烟雾。这里还有美味的野果：桑葚沁甜；覆盆子像珊瑚珠子攒成的小球，吃起来又酸又甜，比桑葚还要好得多。

啊，百草园，多么吸引人！

无论春天、夏天、秋天，它都有吸引人的地方。冬天来了，百草枯衰；树叶儿飘落；虫子、蜂蝶、蟋蟀，它们都休息去了，冬眠啦。这时候的百草园，就显得荒凉寂寞了。

可是，一下雪，就又不同了。可以到这里来套鸟雀的。要不，就叠雪罗汉。南方的雪晶莹滋润，团一个小球，在地上一滚，滚呀，滚呀，不大一会儿，就成了一个老大的雪球。这就是雪罗汉的大肚子身躯了。再滚一个小些的，往上一放，这就是雪罗汉的"大脑袋"。再给捏一个

---

① 绍兴话"胡羊尾巴"含有聪明、伶俐、调皮的意思。

"鼻子"，安上两只"耳朵"，挖一张"嘴"，把两只"眼睛"用两颗龙眼往里一镶，就是两颗又黑又圆的眼球啦。啊，你瞧，雪罗汉在向大家笑呢。天晴了，在和暖的阳光下，还照样瞪着又黑又圆的大眼。不过，它的日子可不大好过了，它在渐渐地、渐渐地瘦下去。只消一天，最多两天吧，胖胖的雪罗汉，就融化得只剩一个小球了。

来到百草园，鲁迅特别喜欢到矮墙根下去挖何首乌的根①。听人说，何首乌的根，有的长得像小人一样，那是"仙药"，吃了就能成仙呢。

成仙干吗呀？舍得这百草园吗？不过，小人一样的何首乌根，可是怪好玩的，一定得弄到一根。于是，他抓住一根藤，用力地拔。小土块崩开了，拔起了一节，再拔，拔不动了。于是挖，挖开了土，再拔。拔呀挖呀，挖呀拔呀，一直拔到矮墙根。泥墙不断地掉下土块来，可是，人形的根还是没有。

他挖掘过多少次，终于没有得到人形的根。

听长妈妈说，有一种美女蛇，会吃人。传说百草园里有一条赤练（链）蛇，它会不会就是美女蛇呢？但他终于没有见到过。

百草园，这儿时的乐园，使他在大自然的生机勃勃之中，走进了世界。

"射死八斤"

在台门里住着许多人家。邻居中有一户姓沈的。他家有个孩子，名叫八斤。

---

① 何首乌：落叶缠绕藤本，原野自生，可作药用。其根基在地里横走。根块有时凹凸像人面，并且分支像手足，所以俗传吃了能成仙。

八斤比鲁迅大三四岁，他总喜欢手里拿着一把竹做的枪，跳来跳去，拿枪在别的孩子面前乱刺，嘴里还喊着："戳伊杀！戳伊杀！"

比他小的孩子们怕他，总是悄悄地躲开了。鲁迅很气愤不平。

但是，父亲是禁止鲁迅兄弟同别的孩子打架的。父亲常对孩子们说："不许你们欺侮别人，也别叫别人欺侮你们。"可是，有时候孩子和人家打架了，回来告诉他，说是由于别人来欺侮，所以打他。这时父亲却总是说："是你先欺侮了人家吧？他怎么没来欺侮我呢？"

这天，鲁迅和小朋友们正在一起玩时，八斤又来了，"戳伊杀！戳伊杀！"竹枪挥动，在周围示威。

孩子们立时跑散了。鲁迅很想给八斤一点教训，但他想起了父亲的"禁令"。于是，他生气地跑进屋里，拿出了一个小本子。这是他的"创作手册"，上面画了不少画儿。

他坐在窗下的桌子前，拿起笔，沉思了一会儿，便画了起来。他先画了一个人，倒在地上；又画了一支箭，刺在他的胸口上。——这个人被射中，倒在地上死去了。最后，他在画旁边加上了一个标题："射死八斤！"

这是他的第一个"创作"，显示出他的反抗性格的萌芽。

橘子屋里的读书生活

囚 笼

周家的规矩是，孩子们到了6岁就开蒙读书。鲁迅也是照老规矩，在这个年岁上，就开始读书识字了。先是在"家学"里读书。"学堂"就在一个堂叔祖父家里，和鲁迅的家紧挨在一起。这个叔祖名叫子京，小名叫阿明，孩子们都管他叫明爷爷。明爷爷家里有一个小天井，天井里栽了一棵橘子树，孩子们又管他的家叫"橘子屋"。

到"橘子屋"读书去了，小马戴上笼头了。

家学里的读书生活非常枯燥无味。那时的儿童，一点游戏也没有，而且大人也不让玩。上了学，整天就是读书、习字、对课。

在橘子屋里，在那童声朗读的嘈杂声中，时常会突然听见一声尖叫，接着是不放大声哭叫的啜泣。这是明爷爷在体罚学生。

这天，有一个小学生犯了学规，先生今天火气特别大，要施行严厉的惩罚。他拿起了戒尺。孩子们心里都突突地跳。谁没尝过那滋味呀！——自己乖乖地伸出手去，先生便高高地举起戒尺，猛地劈下来，砸在手心上，只听"叭——"地一声响，孩子钻心似的疼痛，忍不住叫喊，"哇"地一声哭了。

"不许哭!"先生怒吼一声，又命令道，"把手伸出来!"孩子瑟缩着，无可奈何地伸出手去，忍住了哭，闭上眼睛，泪珠儿滴落下来。

"叭——"又是一声响，手心立时红肿了。孩子的嘴扭歪着，但是不敢哭。这叫"打手心"，这算是最轻的体罚。更疼的是碾手指。比如，你的毛笔字没有写好，或者把习字纸弄脏了，先生便拿毛笔杆穿插在学生的四个手指中间，来回地碾压。"十指连心"，那疼痛真是难以忍受啊!

然而，今天明爷爷似乎发了善心，他没有打手心，也没有碾手指。他只是扭着学生的耳朵，转着圈。那个孩子死劲地侧着头，想尽量减轻痛苦，但是嘴角却歪得到了耳根似的。

先生把他拽到门边，看见了门缝，他忽然想起了一个罪恶的花招。他把门欠开了一条缝，把学生的耳朵塞进去，然后把门一开、一关，挤夹那小小的耳朵。只见那小耳朵一红一白，一白一红。

"啊——啊——，妈呀! ——"

那尖叫声，就像杀猪时那垂死的动物的嚎叫。它像尖刀一样刺痛了所有学生的童稚的心。

这不是课堂，是囚笼!

"白光"[①]

可是，在橘子屋这个囚笼里，却有不少新奇的事情。

明爷爷家的奶奶已经去世了。可是他家还有一个老妇人，大家叫她得意大娘。人们说她是明爷爷家的女仆人，可是却从来没有见她干过活。这得意大娘好像并不怎么得意，她爱喝酒，也常常喝得醉醺醺的，

---

① 鲁迅收在《呐喊》中的小说《白光》，即取材于"明爷爷"的事情。

蓬头散发。她的蓝衣青布裙总也没见换洗过。

那一天下午，她又喝醉了，跌跌撞撞，一头撞进了书房。她摇摇晃晃地走到床前，坐到一把太师椅上，东倒倒，西歪歪，坐也坐不住。明爷爷赶忙跑过去，扶住她。

这时，只听得意大娘忽然大叫一声：

"一道白光！"

"白光？在哪里？"明爷爷赶忙问，脸"唰"地红了，显出了非常激动的样子。

他立刻两手扶住了得意大娘，转过身来对学生们宣布："今天放学了！"

孩子们顿时笑颜绽开，蹦跳起来，跑出了书房。走出屋子，他们没走，都在窗下站了。他们挤在一起，透过窗格子、门缝，偷瞧屋里的动静。

"明爷爷又要挖银子啦！"一个学生这么悄声地说。

"莫作声！"有人制止他。

据说，在新台门周家的宅子里，祖宗在某一处地方埋着银子。有两句话说的是："离井一牵，离檐一线"。谁能懂得这八个字，谁就能找到埋藏银子的地方。破落大家的子弟，总是幻想着忽然发一笔意外之财，恢复他那失去了的好生活。不少人希望能得到这笔银子。可是，谁也没有认真去试过。只有明爷爷，真的挖过，失败了。但他不灰心。今天，听得意大娘说看见了白光，他断定：银子就在这里，它发出了光芒，它在召唤，发财的时刻到了！

明爷爷找来了石匠、木匠，连夜挖土、开凿，掘出了一个深坑。明爷爷亲自下去。他蹲下身子摸了一摸，有一块石头方角，他一惊："莫不是石樟呀！"①他害怕了，一纵身跳了出来。因为使劲猛了，把腰骨闪伤了。

明爷爷因为受伤，休息了。学生们很高兴——又可以痛快地玩几天了。

然而明爷爷挖白银的事，在他们心里，却留下了难忘的印象。

---

① 绍兴当时的习俗，把棺材装在四块青石板拼成的长方石棺中，石棺也叫"石樟"。

误人子弟

明爷爷虽说是个读书人，可是应考过多次，也没有考上个秀才。有一年考试，试贴诗的题目是："十月先开岭上梅"，他作的诗第一句是"梅开泥欲死"。泥土还会死的吗？为什么梅花开了，泥土就要死呢？谁也不懂得他的意思。主考官因此生了气，不准他以后再应考了。科举①这条路不能走了，他只好靠教书糊口。可是教书又教得不好，体罚学生还心狠手辣。

有一天，他给学生出一个题目作"对子"，写一个"荔"字，他写成"荔"，自己觉得不太像，又重新写，写成"恊"，其实还不对。学生们拿回家去了。鲁迅的父亲看见了，不住地摇头，叹口气说："误人子弟！误人子弟！"

过了一会儿，父亲断然地说："不要去了。"

从此，再不去橘子屋读书了。

在橘子屋里读了一年书，除了多认识了几个字，什么也没有学到。可是，却从囚笼似的学堂生活中，从明爷爷那可怜的、凄苦的生活中读了一本无字的"书"。

《二十四孝图》

儿童们都爱看图画书，可是，鲁迅小时候，没有现在这样的儿童读物，而且，大人们也只许读"四书五经"这类书，而不允许看"闲书"。

可是，有的书是让孩子们看的，比如，什么《文昌帝君阴骘文图说》啦，《玉历钞传》啦，因为这些书是所谓劝善书。但是，这些书孩子们可不爱看。这里面讲的都是些善有善报、恶有恶报的故事，描写阴曹地府的事情。对这些封建说教，孩子们是不感兴趣的。不过，那些图画，倒还有些吸引人的地方。你瞧，一个"人"身上，长个牛头；又一个"人"身上长个马头。人们说，这叫"牛头""马面"。他们一"人"手里拿一样武器，站在阎王殿里的阎王两边。他们既像人，又像牛、像马，倒也有点儿趣味。所以，鲁迅有时也拿起这本书翻一翻。但是，究

---

① （注）封建时代通过考试选录官吏的一种制度。

竟没有多大味道：雷公电母站在云端，牛头马面布满地下，阎王、大鬼、小鬼一大堆，阴森森、凄惨惨，谁爱老看它呢？

这天，鲁迅得到了一本书，是一位本家长辈给他的，名叫《二十四孝图》。翻开来一看，说的是人间的故事，画的是江河、山水、花草树木，有老人、妇女、孩子。看惯了那些鬼的故事，一下子见到了这本书，是多么高兴，多么愿意看哪！

像往常一样，他认真地、仔细地翻看着书页。

他看见书上画着一个人，背着一袋子米，艰难地走着。右上角写着几个字："子路负米"。子路是孔丘的学生，他是个孝子。这样的孝子，倒也不难当，背背米而已。

原来，《二十四孝图》是一本教人怎样做孝子的教科书，讲的是中国古代二十四个最孝顺的孝子孝女的故事。鲁迅看了"子路负米"，觉得人物画得也还生动活泼，饶有趣味。这孝子的行为也并不难学，他也想当这样一个孝子呢！他于是接着往下看。

他翻过去一页，是"陆绩怀橘"。说的是，陆绩到别人家吃饭，看见待客的橘子，想起母亲很爱吃这种水果，便偷偷地把橘子藏在怀里。这也很好做。"先生作宾客而怀橘乎？"要是有人请我吃饭，见我拿橘子，这样问我，我就回答："这是我母亲最爱吃的，我想拿回去给老母吃。"孝子不就当成了嘛。

接下去，是"哭竹生笋"。画面上画着一个人坐在竹林边哭泣，竹根上拱出笋来。这是孝子的诚心感动了天地，使竹子生出笋来，让他去孝敬父母。

"要是我也去哭"，鲁迅不禁联想到自己，"感动不了天地，生不出来笋呢？"

他觉得有点麻烦。但问题倒也不大。只要心诚，说不定就能生出笋来。若是万一长不出笋来，顶多丢脸罢了，也没有什么。

他继续看下去。画面上画着一个人躺在冰上，一条大鲤鱼从冰窟窿里跳出来。这位孝子，为了给父母弄来他们很想吃到的鲤鱼，不顾自己的危险，躺卧在冰上。他也感动了天神，派鲤鱼自己游过来了。

鲁迅拿着书，眼瞅着图画，认真地思索。

他觉得这可有点儿危险。如果父亲在冬天忽然也想吃鲤鱼而又买不到时，我怎么办呢？东湖里的冰，可是薄薄的一层，躺上去就崩陷了，要是天神的命令发晚了一点，或者鲤鱼耽误了一下，那么，不等鲤鱼游过来，我不就沉入水底了吗？

啊，孝子是这么难当，父母和儿女是这样对立的吗!？

他翻过这一页去，兴趣减弱了。

但他接着翻下去。画面上出现了一对老人，坐在堂上，望着前面。一个人跌倒在地，他也是一个老人。可是，他却穿着只有小孩才穿的花衣服，手里还拿着一个玩具——只有婴儿才玩的摇咕咚。看题目，叫"老莱娱亲"。看说明，说的是老莱子70岁了，常常穿着五颜六色的花衣服，装着小孩子样，有时还提水到父母跟前，故意装作跌倒了，就学着婴儿一样啼哭起来。这样来引逗父母快活。

鲁迅看过说明，赶快把这页翻了过去。他觉得很不舒服，心头好像有什么东西要翻腾出来。70岁的老爷爷，装扮成小孩子，还要玩摇咕咚，还要装跌倒，多么虚伪！原来，当孝子还要装假!？

翻过来，"郭巨埋儿"四个大字出现在他眼前。看图上，一个妇女，手里抱着一个婴儿，还拿着一个摇咕咚。她拿着这玩意儿，可比老莱子拿在手里好看多了。孩子笑眯眯地看着地上一个人在刨土挖坑。这是怎么回事？原来是：郭巨家里贫穷，不够吃的。为了能省下吃的来养活母亲，不让自己的儿子与祖母争食，郭巨决定把自己的儿子活埋掉。

那天真可爱的孩子，他还笑盈盈地，像盛开着的一朵鲜花。他哪里知道，他的父亲要活活地把他埋掉呢。眼看着他就要和他的摇咕咚一起，被扔进土坑里，用土埋上了——当然在这关键的时刻，孝子的心又感动了天地，让郭巨从地下挖出了一坛金子。

但是，这最末的欢喜的结局，并没有使鲁迅高兴起来。他觉得这似乎不大可能，恰巧在掘坑的地方埋着金子。他觉得做孝子太麻烦，太困难，而且残酷！他总听大人们讲述孝子的故事，赞扬孝子的"高尚"行为，他也想过要当一个孝子。可是，现

在，他这个幻想破灭了，当孝子的计划也取消了。他不但自己不再愿当孝子，而且他怕父亲去当孝子。

家里正在穷下去，要是父亲去当孝子，首先要活埋的不就是我吗？他这样想。

童年生涯，就这样在不知不觉中度过。

宇宙和人间，像一本书一样，在他面前摊开。他也像在阅读一本书一样，走进人世间，进入天地间。它们是这样的热闹、繁华、有趣。春天的花朵、蝴蝶和蜜蜂；夏天的荷花、菱角、知了；秋天的落叶飘摇，虫声唧唧；冬天的雪景梅花，雪罗汉，……他睁大眼睛，看着这一切，用那童稚的、洁白的心灵感受到这一切。然而，也有异样的东西袭来：百草园寻找何首乌的失败，对于美女蛇的恐惧，橘子屋里的噩梦，《二十四孝图》的令人厌恶，……

这一切搅成了一团。

但这只是生活的朦朦胧胧的开始。

第二章　师友们

每个人都不能离开社会而独立生活。他生活在人群中，接受各种人的影响。在少年时代，周围的人：长辈、亲戚、小朋友、师长，以及偶尔相遇的人，都在不知不觉中给人以影响。

鲁迅在少年时代，有一批师长和朋友。这些人，有的是名义上的"师"，实际上不是师，也不是友；有的却既是师，又是友，像朋友那么亲密，又像师长那样给他教益；有的是他同年岁的，在一起亲密地玩耍的真正的友人。他们都或多或少给了鲁迅以一定的影响。

让我们介绍几位他的师和友吧。

龙师父和师兄弟们

三师兄要受戒了。这对和尚来说，可是一件了不得的大事。

鲁迅怎么会有一个和尚师兄呢？他当过和尚吗？

鲁迅没有当过和尚，可是却有一个和尚师父。前面说过，他是长子、长孙，家里很疼爱，怕他长不大，便让他认了一个和尚作师父。这就算是舍给庙里了，能够得到神灵的保佑，长命百岁。这个和尚，瘦高个儿，瘦长脸，颧骨挺高，眼睛挺细。人们都管他叫龙师父。这龙师父很特别，和尚是不应该留胡须的，可他却有两绺下垂的小胡子；和尚是不能结婚的，可是他既有老婆又有孩子，而且有五个孩子。其中三个比鲁迅大，是师兄；另两个比鲁迅小，是师弟。大师兄是师父的螟蛉子①，他是穷人家的孩子，舍在庙里了，从小就当和尚。他比鲁迅大得多，没有什么来往。二师兄比鲁迅大十几岁，三师兄只比鲁迅大几岁。他们俩都和鲁迅来往，感情还不错呢。

现在，要受戒的就是这三师兄。

鲁迅问三师兄："受戒疼吗？"

三师兄望望他，点点头，轻声地说："疼"。

受戒，就是用艾绒在受戒人的剃光了的头顶上，点着，让火星慢慢地烧灼头皮，在头上留下永远的瘢痕，不生毛发。和尚头上这种黑点越多，就被认为道行越深。这受戒，实际上就是受刑。

鲁迅同情地问三师兄："你怎么办？"

三师兄说："我爸爸说了，'拼命熬住，不许哭，不许叫，要不，脑袋炸开，死了！'"

当然，再疼也不能叫呀、哭呀，能让脑袋炸开吗？

受戒的时候到了，三师兄跪在佛像前，光头上放上了三颗艾绒。龙师父亲手把艾绒点着了。

艾绒红红的火星闪着光。

火星靠近头皮了，发出细细的、吱吱的响声。

鲁迅瞪大眼睛，同情地看着三师兄。他果然没有叫，也没有哭，他不敢啊，怕脑袋会炸开呢。

然而，他看见，三师兄的眼里含着泪水，晶莹的泪珠儿闪着光。

鲁迅就像自己受戒一样，他的眼里也饱含着泪珠儿。……

受戒以后，三师兄的道行也没有什么长进。他，还有二师兄，都和他们的父亲一样，也有自己的家，也没见他们怎样修行，他们都不过是剃光了头的俗人罢了。

不过，大师兄可不一样。他在寺庙里长大，总是郁郁的，脸上很少

---

① 螟蛉，螟蛉蛾的幼虫。蜾蠃常捕螟蛉喂它的幼虫。古人错认为蜾蠃养螟蛉为子。所以，习惯上把养子称为螟蛉子。

有笑影。他孤僻、冷酷，看不起人，不愿和人接近。他的东西，谁也不许动。谁也不敢亲近他。他是一个畸形的人。

鲁迅从他的第一个师父那里，没有学到什么佛法，也没有产生过学佛、当和尚的念头。这个所谓师父，只是给他取了一个名字。

难忘的运水①

鲁迅难于忘记少年时代的农民朋友。他说过："我是植根在农村和农民中的一个人。"农民朋友中，最要好、最难忘的是章运水。

章运水的父亲叫章福庆。他是一个农民，又是一个技艺不错的竹匠。他终年劳累，却仍然生活很困难。因此，在农闲季节，就进城里来当短工，那时绍兴叫"忙月"。章福庆的家住在绍兴城东北的杜浦村，那是海边②。他到鲁迅家来做忙月时，常把儿子运水带来。运水比鲁迅略大一点。他来到城里就和鲁迅一起玩耍，他们就这样成为好朋友了。

大概是1893年，鲁迅13岁的时候，运水又随他爸爸进城到周家来做忙月。

他跟父亲一同走进周家。坐下来后，鲁迅的母亲就告诉福庆，今年他们家轮到大祭祀的值年③，忙得不可开交。祖宗遗像前摆的祭器，什么铜香炉啦，锡烛台啦，瓷花瓶啦，都比较值钱，人多手杂，怕丢失了，要用一个人看管，就叫运水来管这个事吧。福庆答应了，运水和鲁迅更是高兴得很。这次，运水要到正月十八以后才回乡，他们俩在一起玩的时间可不短。

运水是一个农村孩子，他给鲁迅讲述很多在城里不知道的事情。他又是一个穷苦农民的子弟，从小就和父亲一块干活。他知道鲁迅无论在学堂或是书本里都学不到的许多东西。

第二天，鲁迅要运水同他一起去捕鸟。

"这不能，"运水说，"要等下雪了，才好捕。"

"怎么捕呢？"

---

① 章运水，鲁迅在小说《故乡》中改为"闰土"。他的孙子章贵，现在是绍兴鲁迅纪念馆负责人。

② 这里指曹娥江边，在绍兴惯称为"海边"。

③ 封建大家族每年春节举行大祭祀，由同族各家轮流主持。

"我们沙地上，下了雪，我扫出一块空地来，用短棒支起一个大竹匾，撒下秕谷，看鸟雀来吃时，我远远地把缚在棒子上的绳子只一拉，那鸟雀就罩在竹匾下了。"

"都是麻雀吗？"

"不，什么都有：稻鸡呀，角鸡呀，鹁鸪呀，兰背呀……都有。"

鲁迅神往地想象着：冬天，在雪地里支上竹匾，蹲在角落里，等着鸟雀来捕食。……

"现在太冷，"闰水又说道，"等夏天，你到我们这里来。我们月夜到海边捡贝壳去。红的、绿的都有，鬼见怕也有，观音手也有①。晚上，我和爹管西瓜去，你也去。"

"管贼吗？"

"不是，走路的人渴了摘一个瓜吃，我们这里的人是不算偷的，要管的是獾猪、刺猬、猹②。月亮地下，你听，啦啦的响了，猹在咬瓜了。你便提了胡叉，轻轻地走过去，……"

"它不咬人吗？"

"有胡叉呢。走到了，看见猹了，你便刺。这畜生很伶俐，倒向你奔来，反向胯下蹿了。它的皮毛像油一般的滑……"

啊，原来世界上还有着许多新鲜事，海边有这么多五色的贝壳，它比百草园里的矮树杂草诱人多了。更想不到西瓜还有这样危险的经历，它可比百草园里的桑葚令人觉得宝贵，原先却单知道它在水果店里出卖

① 按形状给贝壳取的俗名。

② 猹（chá），这个字是鲁迅造的。指一种生活在浙江一带的獾一类的小兽。

罢了。

"我们沙地里，"运水又告诉鲁迅，"潮汛要来的时候，就有许多跳鱼儿只是跳，都有青蛙似的两只脚……。"

啊！运水心里有无穷无尽的稀奇事，都是鲁迅在城里的朋友所不知道的。运水在辽阔的海边拾贝壳，看西瓜，同猹作斗争，而城里的小朋友们，却都只是看见院子里高墙上的四角的天空。

运水打开了鲁迅的眼界，使他看见了另一个世界。这些天来，鲁迅每天和运水在一起玩耍。鲁迅还趁空领运水到县城大街上转转，还陪他到测字摊上去测了个字呢。那结果很不理想，测字人说他的时运不佳，弄得运水垂头丧气，鲁迅善意地嘲笑他：

"这回你可瘟了！"

鲁迅还领运水爬上了塔山上的应天塔。

他们在一起度过了一段愉快的日子。

转眼间，元宵节过去了，时日不短的年假，已经结束了。过得多么快呀，又多么叫人留恋哪！而且，运水要走了。他父亲已经忙完了活计，周家的大祭祀也结束了，运水要和爸爸一起回到乡下去了。

两个朋友都舍不得分离。鲁迅急得大哭。运水也躲到厨房里，哭着不肯出门。但是怎么能够不分离呢？生活就是这样啊，朋友的聚会，终有一天要分手。

他们难过地、恋恋不舍地分别了。

运水回到乡下，还怀念着自己的友人，他托父亲给鲁迅捎来了礼物，那是一包贝壳和几支很好看的鸟毛。

鲁迅也很思念乡下的朋友，他高兴地收下了那别有风味的礼物。这些贝壳和鸟毛，带来了海边奇丽的风光和有趣的生活。

鲁迅也给朋友带去了自己的礼品。

这些礼品的交换，带去了彼此的心。

安桥头的友人

鲁迅的外婆家在乡下。那儿叫安桥头，离城三十多里，是一个偏僻的小村庄，只有二十几户人家，都是种田、打鱼的，只有一家小杂货铺。有一条小河从村子中间流过，一座石桥把河两边的人家连起来。外婆家就在河边，离小桥不远。村子四周都是稻田。远处就是有名的曹娥江。

鲁迅每年都和母亲一起到安桥头来住些时候。这是他最愿意来的地方。走出了台门宅院，离开了绍兴城，心里多么畅快呀。天地广阔，有许多在城里见不到的事物，有和城里不一样的农村小朋友。他和这些小朋友一起掘蚯蚓，一同钓鱼，一块儿放牛，这生活多有趣。

大家对鲁迅都很友好，因为他是全村人共同的客人。安桥头住的大都是姓鲁的人家，虽然孩子们年龄相差不几岁，但是论起辈分来，有的是叔伯辈，有的还是太公呢。可是不要紧，大家照样在一起玩耍，偶尔打起架来，孙辈打了太公几下子，也不算什么。

啊，难忘的安桥头，难忘的农村生活，难忘的农民小朋友们！

最难忘的是那次到邻村去看社戏。

社戏，是当时农村的春赛，由草台班在旷野里搭个临时戏台来演出。

那一次，本来白天要去看戏的，可是有事没去成。鲁迅很懊丧。有一位长辈说："让大点的孩子，划了船，带迅儿哥去看夜戏吧！"

母亲怕有闪失，不大同意。

大家却都说不碍事，有大孩子照顾，出不了事的。于是，便由年纪大些的双喜、阿发领着，划了船到邻村去看戏。薄暮时分，大家高高兴兴地上了船，双喜用竹篙在河岸上一点，船就离了河埠，射向河中间。

船在夜色中航行，孩子们在船舱里说笑。

江南的春二月，空气湿润得像含着水珠儿。两岸的豆麦，河底的水草，都发出一股清香，夹在这水气中扑面而来。水气像一层极薄极薄的轻纱，使月色朦胧，使四周的景物在夜色中更显得模糊。河水闪着粼粼的波光。

夜色秀美，心情愉快。

船在夜色中航行，两岸的景物不住地向船尾游去。

远处传来了笛声，"远听笛子近听箫"。那随着春夜的微风吹来的笛声，时断时续，婉转、悠扬，分外优美动听。笛声散布在充满了豆麦水草清香的夜色里。

"你们看！"一个孩子指着远处，高声喊道。

远处，闪着一处灯光。那是屹立在村外临河空地上的戏台。它在朦胧的月色笼罩下，好像是画儿上画的仙境。

船慢慢靠近了，只见戏台下黑压压一片，挤满了人，他们来晚了。

"我们挤不进去了，"阿发说，"就在船上看吧！"

大家齐声说同意。阿发便把船挤进一排乌篷船中间，停泊在岸边。大家站在船上，远远地看戏，倒是别有风味。

戏台上穿红着绿的人物进进出出，小旦、老生、花脸、老旦，他们轮流着唱、做。戏台下，摆设了许多吃食摊，也有不少人围着摊子吃东西。

台上的戏演得很热闹。

台下的人们吃着，谈笑着，也很热闹。

船上，孩子们看着这热闹，心里也挺畅快。

这时，老旦出来了。这白发老妪，拄着高过头顶的拐杖，弯着腰走到台前，说了些什么，坐下了。坐下就唱、唱。忽然她站了起来。大家都松了一口气：她该走了。然而，她又坐下了，又是唱、唱。

"这老太婆怕是要唱一夜到天亮了！"有人这么不高兴地说。

"那我们走吧！"

这个提议得到了大家的赞同。

于是，架起船，返航。船儿渐渐离得远了，回头望见戏台，在月色中缥缥缈缈，又像是一座仙山琼阁。渐渐地，"仙山琼阁"模糊了，看不清了。

不知谁忽然说了一声："饿啦！"

桂生说："谁饿啦？罗汉豆正旺相，柴火又现成，我们可以偷点来煮吃的。"

"好！"大家齐声表示赞同。欢乐充满了航船。

船停在岸边，双喜扑腾跳上了岸。

双喜说："呵，呵，阿发，这边是你家的，这边是六一家的，我们偷哪一边的呢?"

阿发也跳上岸去，一边跳一边说："慢点，让我来看一看吧!"

他蹲下身子，在两块地里都摸了一下，直起身子来说："偷我家的吧，我家的大得多呢。"

大家便在阿发家的地里摘了豆，一抱一抱扔进船舱去。

"到六一公公家的地里再偷一些吧，"双喜说，"要不，多偷了阿发家的，他娘晓得了要骂人呢!"

于是，大家又到六一家的地里偷了一些。

大家回到船上，年龄大的，有的去摇橹，有的到舱里生火；年龄小的和鲁迅都剥罗汉豆。不大一会儿工夫，豆煮熟了。大家围拢来，一边说笑，一边吃豆，让船在水上漂游。

这豆的味道真是鲜美。

吃完豆，阿发又去摇橹，船又开始缓缓地前进了。河水拍打着船头，发出"啪、啪"的响声。

船在河上缓行，人在船上说笑。

船快到安桥头，远远地就看见鲁迅的母亲站在桥上眺望。船靠近了，船从桥洞里钻过去。双喜高声嚷着："都回来了! 哪里会错。我原来说过写包票的!"

"老友"

这里说的"老友"，是年老的朋友，而不是指老朋友。为什么叫"老友"? 他是谁呢?

在一个风和日丽的日子里，鲁迅高高兴兴地来到仁房住宅的兰爷爷家。

兰爷爷是鲁迅的叔祖父，他名叫兆兰，所以鲁迅他们都叫他兰爷爷。他是个秀才，和明爷爷不一样，比较有学问。他是一个胖胖的和蔼的老人。他爱种花木，也懂得一些这方面的知识。他家里藏的书也不少，特别是有许多别人家没有的书，也就是当时称为"杂书"的书籍。正是这些杂书，为孩子们所喜欢。

这天，鲁迅又到兰爷爷家来借书。

老人正在给花浇水。他种了不少花木，不仅有珠兰、茉莉这些常见的花，还有很少见的马缨花——据说还是从北方带来的呢。

鲁迅走上前去，接过水壶，帮兰爷爷浇水。

兰爷爷微笑着，看了看鲁迅，说道："哦，小友来了。"

说着，把水壶递给了鲁迅。

兰爷爷是个寂寞的人，家里没有什么人能谈得来，只是从孩子们身上得到一些安慰，从他们天真无邪的情谊中感觉到一些生活的情趣。因此，他管孩子们叫"小友"，小朋友们就该称他"老友"了。

这时，忽然"啪"的一声，一根长竹竿砸下来，把茉莉的枝叶打落下来了。老人抖动着胡须，愤怒地抬起头，寻找那恶作剧的人。他看看四周没有别的人，只有兰奶奶在晒衣服，一只手上还拿着竹竿。原来是兰奶奶把竹竿搭在珠兰花的枝子上晒衣服，花枝压折了，竹竿打了下来，衣服也跌落在地上了。

兰奶奶很不高兴，骂了一句："死尸！"

兰爷爷收敛了怒容，难过地摇摇头，用手去抚摸那被打折了、落在地上的茉莉花的青枝和绿叶。他知道兰奶奶是不管什么书呀、花呀的，都给他胡乱摆弄，说不通道理的。

兰爷爷没有心思再浇花，摇着头连连地叹气，走回屋里去。鲁迅跟着他进到他的书房里。进到屋里，兰爷爷坐在椅子上，闷闷地抽烟。鲁迅问道：

"兰爷爷，还有什么好看的书吗？"

"哦哦，"老人答应了一声，慢慢地从桌上拿起一本，递给鲁迅。这是一本《毛诗鸟兽草木虫鱼疏》。

鲁迅翻阅了一下，原来这本书把《诗经》里面提到的各种动物、植物都加以介绍，什么名称啦，形状啦，习性啦，产地啦，用途啦，都详细地说明，并且配上了图画。它简直是本插图本的动植物学，又是一本图画书。鲁迅非常喜爱它，赞不绝口。

兰爷爷被鲁迅的欢喜感染，也高兴些了，情绪开始转换过来。

"喜欢吗？"他问道。

鲁迅说："喜欢，顶喜欢。"

过一会儿，又说："它比上回那本《花镜》还好。《花镜》只讲了各种各样的花卉。这本书还有鸟兽、虫鱼。"

"嗯，嗯。"老人高兴地点头。

"我记得还有一本《山海经》，"兰爷爷又接着说，"带图的，里面画着人面的兽，九头的蛇，三脚的鸟，生着翅膀的人，没有头、拿两乳作眼睛的怪物……"

"这样好的书?"鲁迅惊喜地说，"兰爷爷，下回借我看看。"

"可惜现在不知道放在哪里了。"

鲁迅失望地不作声了。他知道兰爷爷心情总是不好，常常懒得动，不好勉强他去找。

坐着谈了一会儿，鲁迅拿着新借到的书，心里还想着那本《山海经》，告辞兰爷爷，回家去了。

鲁迅从兰爷爷这里，不仅学到不少关于花木的知识，而且借阅了不少书，这是他从别处所不能得到的。

长妈妈

"哥儿，你说的'三哼经'，是个啥东西?"

长妈妈听见鲁迅老是念叨《山海经》《山海经》的，觉得很奇怪，也引起她的关心，就这样问他。

"那是一本书。"鲁迅简单地回答了她一句。他不愿意多说。他想，长妈妈不识字，没有什么学问，家里也没有兰爷爷那么多书，跟她说了，有什么用呢?

"一本什么书呀，这么好，你日思夜想的?"

"一本好书。上面有人面的兽，九头的蛇，还有没有头、用乳作眼的怪物。"

"你在哪里见到的?"

"我没有见过，是兰爷爷说的。他说他有这本书，可是不知放到哪里去了。"

长妈妈的叮问，更勾起鲁迅对《山海经》的想念，然而又得不到，便闷声不响了。

自从长妈妈问过《山海经》的事情以后，鲁迅虽然还惦记着这本书，可是，长妈妈打听这本书的事，却早已忘记了。

这几天，长妈妈不在，她请假回家去了。长妈妈是从小就带鲁迅的保姆。她走了，管束少了，鲁迅觉得轻松些;但是，又很想念长妈妈，觉得缺少了什么似的，盼望着长妈妈回来。

大概是长妈妈回家四五天以后，她回来了。这天，她身上穿了一件新的蓝布衫，进到屋里，一见到鲁迅，就笑嘻嘻地把一包书递给他，说道：

"哥儿，有画儿的'三哼经'，我给你买来了。"

鲁迅又惊又喜，顿时全身都兴奋起来，太高兴、太意外了。他赶紧把书接过来，打开纸包，只见是四本小小的书。他轻轻地翻开书看了看，果然，人面的兽，九头的蛇，三脚的鸟……全在里面。

鲁迅从长妈妈那里接过了一本心爱的久久难于得到的书，更从长妈妈那里接受了一个农村劳动妇女的真挚的爱。

他对长妈妈怀着深深的敬意和情谊。

三十年后，鲁迅还深深地怀念他幼时的保姆，写下了这样的文字：

"我的保姆，长妈妈即阿长，辞了这人世，大概也有了三十年了罢。我终于不知道她的姓名，她的经历；仅知道有一个过继的儿子，她大约是青年守寡的孤孀。"

"仁厚黑暗的地母呵，愿在你怀里永安她的魂灵！"[①]

第三章　心灵的甘露

大自然的美和对于科学的爱好，书籍，民间艺术，是鲁迅少年时代心灵的甘露。这里是几个这方面的小故事。

书与画

感谢长妈妈，她给买来了那部《山海经》。鲁迅简直沉浸在这本书中了，兰爷爷说的三脚的鸟、九头的蛇、没有脑袋用乳作眼睛的"刑天"，果真都有，还有其他许多怪物，那说明和图画都很引人。他被带进了知识的海洋、神奇的境界、幻想的天地。

这是他最初得到的，最心爱的书。

他总是在吃过晚饭以后，来到母亲的房间里，把小四方桌擦干净，洗净了手，从摆放得非常整齐的书箱中拿出书来阅读。他的两个弟弟，总是在这时候也坐在旁边，同他一起看书。但他们是不许动手的。

他爱上了书籍。从此，他把压岁钱积攒下来，拿去买书。《毛诗品物

_____

① 见《朝花夕拾·阿长与〈山海经〉》。

图考》啦，《点石斋画报》啦，《诗画舫》啦，《诗中画》啦；还有《海仙画谱》《天下名山图咏》等，买了不少。以后，他由看图画书，进而看历史书、文学书，并且影画图像、抄书，仔细、认真、坚持不懈，一本又一本，画的、抄的，真不少呢。像海绵吸水一样，他吸取着知识的乳汁。

影画与"创作"

鲁迅左手按着罩在书上的薄纸，上面透出了画的线条和轮廓。

他正在影画小说绣像——那时候章回小说的前面，都有一些人物绣像，画的是这本小说中的人物的像。有的单人一幅，有的几个人一幅。各种面相，各种神态，各种装束，很引起人的兴趣。鲁迅因为爱看，就把它们影画下来了。他用毛笔，细细地描画，渐渐地画了头和面孔，是一个细嘴尖腮的模样，眼睛圆圆的；又画了手和手上拿的一根棍子，画了身子，画了脚——他的一条腿是弯曲的，他的一只手掌横在眉毛上，搭了个遮阳。

这是孙猴子——孙悟空。

他影画的是绣像小说《西游记》。

画了一张又一张，唐僧、沙和尚、猪八戒都画了。

几天来，他接连不断地影画，直到把全部绣像影画完了。足足一本子呢。他把它装订成一本小书。

以后，他还影画了《荡寇志》等书的绣像。这是成套的，装订成册的。还有不少零星的影画画片。

除了画绣像，他还照画谱临摹了山水、花鸟、虫鱼等。

这天，三弟建人拿了一把扇子来，对他说："大哥，给我画个扇面吧。"

鲁迅接过扇子，看了看说："好的，画点画吧。"

他把扇子铺在桌上，拿起了笔，想了一想，便开始画。建人站在旁边看着。

扇面上先出现了一块石头。然后，在石头旁边，拉出了一丝细线条，他左点右画着。

"虎耳草！"建人认出来了。

在石头边，他又牵出一些线条，飘散的，弯曲的，短直的，这是一些杂草。

然后，他又在石头上点下一个淡墨的黑点，又勾又画，渐渐地一个蜗牛出现在石头上了。

这是一幅《石草蜗牛图》。

猫是老虎的师父

他最早听到的故事，大概是祖母给他讲的猫是老虎的师父这个故事。

"你知道吗，猫是老虎的师父"，祖母这样开始了她的故事。

夏天的凉风吹过来，令人浑身觉得舒服，白天的燥热一扫而光。鲁迅躺在凉床上，祖母坐在他的旁边。

"小孩子哪里会知道，"祖母说，"猫是老虎的师父。"

事情是这样的：

老虎虽然是个庞然大物，凶狠勇猛，可是，什么也不会，没有什么本领。它就投奔到猫的门下来学艺了。猫虽然比老虎小得多，远远没有老虎厉害，可是却有本领。它收了老虎这个大徒弟。

猫教老虎扑。

猫教老虎捉。

猫教老虎蹦跳。

猫教老虎噬吞。

老虎虚心地一样一样学本领。

这几样本领都学过了，老虎想：我什么都会了，谁也比不过我了，只要把猫吃掉，这整个世界不就顶数我强了吗？

老虎这样想着，就纵身一跳，向猫猛扑了过去，想捉住猫并吃掉它。但它扑了个空。奇怪，猫呢？

猫"唰唰"几下爬上了树。

老虎万万没有想到，猫还有这一手。它只好蹲在树下，眼瞅着猫，干瞪眼，呼呼地吼着，也不知道是气的还是累的。

猫却安闲地蹲在树枝上，"喵！喵！"地叫着，好像是说："你来呀，上树来呀！"

老虎毫无办法，只好蔫蔫地走了。

"幸好，"鲁迅心里想，一边望着院子里的一棵树，"幸好猫留了一

手，要不，在树枝上蹲着，忽地一下跳下来的就不是猫，该是一只老虎了。那该多可怕！"

祖母、姑妈，还有长妈妈，都能讲故事。鲁迅很喜欢听她们讲的故事。从这些引人入胜的故事中，他懂得了人民的爱和恨。长妈妈给他讲过"美女蛇"的故事，听过之后，他恨那个害人的蛇变的美女，同情那个差点被吃掉的书生。祖母给他讲的"白蛇传"，成本大套，这里的白蛇、青蛇却是好人，鲁迅同情她们的遭遇，痛恨破坏白娘子与许仙美满生活的法海和尚。据说，白娘子后来被法海镇压在塔下面了。这塔传说就是杭州的雷峰塔。因此，他希望这塔快点倒掉。

"红嘴绿鹦哥"

"皇帝老子，可难说话。"长妈妈这样开始了她的故事。她说，皇帝想要干什么，就得干什么；想要得到什么，就要给他弄来什么。如果不给他干，或是不能办到，那么，他就杀掉你。——在人民看来，皇帝是可敬的又是可怕的，他是不懂事而又不讲道理的人。因此，给皇帝吃的东西，必须是随时都能弄到的，要不，他什么时候想起来要吃这样东西，你弄不到，那不是找死吗？

"给皇帝吃的菜，"长妈妈说，"就得是这样的菜。"

"那给他吃什么菜呢？"鲁迅为难地问。

"吃菠菜，"长妈妈说，"菠菜一年四季都能弄到。"

"你可不能说这是菠菜，"长妈妈又说，"你说是菠菜，皇帝就要不高兴了。啊哈，你们叫我吃这个普通的菜吗？我宰了你们！"

"那叫它什么菜呢？"

"叫它'红嘴绿鹦哥'。"长妈妈说，"菠菜不是红的根，绿的叶吗？"

"红嘴绿鹦哥"，多好听的名字啊。

于是，皇帝就高高兴兴地一年到头吃菠菜。

人民是充满了智慧的。他嘲弄了那个老子天下第一的、拥有至高无上权力的皇帝。

人民也有本事来对付那个动不动就杀人的皇帝。

武松打虎

台上走出来两个演员，一个扮作武松，一个扮作老虎。武松骑在老虎身上，猛捶猛打。老虎痛得要命，赶快告饶。

他站起来，脱去虎皮，埋怨说："你怎么真打哟！"

武松说："你是老虎，不打，不是被你咬死了？"

老虎说："对，对。那么，我同你换一换，你扮老虎，我扮武松。"

武松说："要得。"

武松成了老虎。老虎成了武松。

老虎一个劲地咬武松，使他痛得要命，武松又停下了，说："你怎么老是咬？"

老虎说："你是武松，不咬，不是被你打死了？"台下一阵热烈的赞赏的哄笑。

这是穿插在目连救母故事中的一出短剧：《武松打虎》。

这里，表达了人民的意愿，显示了劳动人民的智慧。

"我想：比起希腊的伊索①，俄国的梭罗古勃②的寓言来，这是毫无逊色的。"③

鲁迅在四十多年后，这样评价了他在少年时代看到的这出民间戏曲。

第四章　生活的波浪

"小鸟儿"飞了

要到东关镇去看五猖会啦！

这大概是鲁迅10岁时候的事情。这天，鲁迅非常高兴。要到五猖庙去看迎神赛会，这是很难得的事情。东关离城有七八十里远，它在运河的东头，只隔十里就到曹娥江，过江就是上虞县地界了。如果是现在，坐上火车，几十分钟，就到曹娥车站了。但是，在几十年前，只能坐船去，七十里水路，好歹得一天呢。

东关有个五猖庙，每年举行迎会。小姑母嫁到东关金家，今年，来

---

① 伊索相传是公元前6世纪希腊寓言家。原为奴隶。获得自由后，周游希腊各城邦，讲说寓言故事，讽刺权贵阶级。

② 梭罗古勃（1863—1927），俄国诗人和小说家。著有长篇小说《老屋》《小鬼》等。

③ 见《且介亭杂文·门外文谈》。

请娘家人去看五猖会,这才有机会去东关镇。

一大早,大家就都忙碌起来。预定的大船已经停在埠头了,要把船椅、饭菜、茶炊、点心盒都搬上船去。

"快呀,快搬呀!"

鲁迅高兴得又蹦又跳,喊叫着,催人们快点搬。

他恨不得立刻上船、开船,让船像箭似的飞向东关镇。

"去拿你的书来!"突然,一个慢悠悠的声音,这样命令。

鲁迅站住了,回过头来,看见父亲站在面前。

父命,在当时那个封建社会中,是不许违抗的。

鲁迅回屋去拿来了正在念的《鉴略》①。

父亲翻开书,一句一句地教他念:"粤自盘古,"

"粤自盘古,"鲁迅跟着念。

"生于太荒。"

"生于太荒。"

"首出御世,降开混茫。"

"首出御世,降开混茫。"

就这样一口气教了二三十行。

那时,儿童念书,不给讲解,却要死背。

"给我背熟,背不出,就不准去看会。"父亲下了这样的第二个命令。

鲁迅只好读下去。"粤自盘古"啊,"生于太荒"啊,啊,啊,记住它,背熟它,"粤自盘古"啊,……他好像要从脑子里生出许多铁钳来,把这些古怪的句子,不知道说些什么的绕口令给夹住。

太阳升高了,要搬的东西搬完了,准备工作都做好了,就等鲁迅背完书。母亲、工人、长妈妈,都肃静地等着,不时焦急地看看他,谁也无法救助他。

"粤自盘古"啊,——他听见自己急急地念书的声音,在颤抖呢,好像秋天里的蟋蟀,在快要枯黄的草窝里,怕冷似的鸣叫。

终于,他觉得背熟了。他有把握地拿起书本,走进父亲的书房,把书交给父亲,背过身去,轻轻摇晃着身体,背下去:"粤自盘古。生于太荒……"

---

① 《鉴略》是一部通俗的中国历史简要读本。

一口气背下去，做梦似的背完了。

"不错，"父亲点点头说，"去吧！"

大家顿时都高兴起来，脸上现出了笑容。从天井射进来的阳光，也好像明亮了许多。人们走出厅堂，奔出大门，一起向河埠头跑去。工人高高地把鲁迅举起，快步走在前头。

然而，鲁迅的心情却很沉重。

他们上了船。船在河里缓缓地前行，两岸的树木、房屋、小桥、田野，缓缓地退过去，真是风景如画。但是鲁迅没有欣赏的心情。看看船舱里，盒子里装着各样点心，也引不起他的兴趣。

到了东关，五猖会确是热闹非凡，他也觉得没有多大意思似的，心里好像有一件什么东西，像小鸟儿似的飞去了。那是什么呢？他自己也说不清楚。反正心里像缺了点什么，就是常言说的：若有所失。

那失去的"小鸟儿"，就是他心里的那份兴致，它真是像小鸟儿似的，正当要展翅飞翔的时候，忽然有棍棒或是弹子打来一样，"小鸟儿"一受惊吓，就飞去了。

几十年以后，鲁迅还提醒做父母的，不要忘记了你自己的幼年！他说的，是他父亲的教训，也是他自己痛苦的经验。

三味书屋里的生活

失乐园

鲁迅到三味书屋去读书了，这是正式进学堂。这年他12岁。

三味书屋离鲁迅家很近。从新台门周家出来，走短短一段路，过一道小桥，就到三味书屋了。这天，鲁迅走进了三味书屋，只见厅堂（也就是课堂）里，摆了几张书桌，中间墙壁上挂一块横匾，上面写着"三味书屋"几个字，匾下面是一幅画，画上画了一只肥大的梅花鹿，趴在一棵大树下面。当时的私塾里，都挂着孔子的牌位，可是三味书屋里却没有。鲁迅就向梅花鹿行礼，算是拜孔子。第二次是向老师敬拜。先生很和蔼地在一旁答礼。这时，鲁

迅看了看他，原来是一位又高又瘦的老人，头发胡须都白了，戴着一副大眼镜。

他叫寿镜吾，是绍兴城里一位博学的、正直的老先生。

从此，每天要到三味书屋来上学，再不能到百草园去嬉戏游玩了。

别了，百草园！

"怪哉"是什么?

私塾就像一个禁闭室。学生们整天坐在桌前，整天是讲书、念书、背书、对课、作诗、作文。不许说笑，不许乱动，不许游戏，不许看"闲书"。不许，不许，有许多的"不许"。

鲁迅坐在桌前念书。念着、念着，他想起一个问题。从前听说，东方朔认识一种虫，名叫"怪哉"，它是冤气所化，用酒一浇就化了。这是怎么回事呢? 问过许多人，谁也不知道。寿老先生学识非常渊博，他一定知道。对，去问问他。

当先生讲完书以后，鲁迅站在那里没有走，恭敬地问道:

"先生，'怪哉'这虫，是怎么一回事?"

"不知道!"先生回答。

一个出名的学识渊博的先生，会不知道吗? 不相信。不愿说罢了。鲁迅从中似乎懂得了一条道理: 在私塾里，除了死读书，别的事是不许问的。

纸糊盔甲

"禁闭室"里的"囚犯"，感到枯燥乏味，浑身像被无形的绳索捆绑住了，脸上显出了呆气。他们的念书声渐渐细小了。有人在书页上头，看到一点图画。那是很蹩脚的画，画得不好，刻得也不好，线条都是呆呆板板的，人物也奇形怪状。但是，学生一看见这画，眼睛里就射出了欣喜的光芒，脸上也显出活气了。

但这也只是片刻的欣喜，短暂的满足。这些画已经看过无数遍了。呆气又爬上眉尖，他们不住地打哈欠。

有人站起来，像是去小便，走到后园去了。于是，第二个、第三个，都接着溜到后园去了。鲁迅也跟着出来了。

三味书屋后面也有一个园子，虽说不如百草园那么大、那么丰富，但也够孩子们游玩的了，总比课室里强得多。

同学们正在园里游戏。有的爬上花坛，折腊梅花；有的上了桂花树，寻找蝉蜕（知了壳）；有几个捉了苍蝇，扔到地上，让蚂蚁搬运，自己蹲在一边看。

忽然从屋里传出来一声吆喝：

"人都哪里去了?!"

孩子们从花坛上跳下来，从树上滑下来，从地上站起来，腾腾地跑进屋里，回到桌前，坐下，打开书，放开了喉咙，大声嚷嚷着读起来。

满屋子响彻了尖细的、杂乱的童声合唱。这样嚷嚷了一阵子，声音渐渐小下去、小下去。屋里只有一个念书声在静下去的空气中震荡，越发显得大了。声音苍凉、嘶哑。原来是先生自己在念书呢。

"铁如意，指挥倜傥，一座皆惊……"[①]

先生念着，摇头晃脑，用手打着节拍，又把头向后仰，摇摆着，拗过去、拗过来。他沉醉在他所念的书里了。

先生念书念得忘情了，是学生们最好的玩耍的时候。但是，摔跤、踢毽、捉迷藏这些游戏都是不行的，那么怎么玩呢？

一个学生从抽屉里取出了一个小纸帽。这不是普通的帽子，它是用彩色纸剪贴糊成的，样子是古装戏里武将戴的"战斗帽"。他把这帽子戴在大拇指上，又把彩纸剪成的盔甲，披在拳头上，这就是一个傀儡武将了。

别的几个孩子，也这样"披挂"起来。

然后，他们把用纸做的武器，什么长矛啦，画戟啦，钺斧啦，拿来夹在食指和中指中间。两个武将靠近了，一个用刀劈了过去，一个用方天画戟挡住了；那边，另一对武将，大刀对长剑，也正在大战。

这就是他们的纸糊盔甲游戏。他们能够用这个来串演一出戏文呢。

鲁迅观了一阵战，就坐到桌前，拿出了一本绣像小说，摊开，把"荆川纸"蒙在书上。薄薄的透亮的纸上，显出了淡墨的人物画。他拿起毛笔，一笔一画地勾画着，一笔一笔，画头、画脸、画大袍，一个一个各种姿态的人物，画出来了。他沉浸在美的享受中，沉浸在"创作"的欢欣中。

好像大石压着的青草，从石缝中，从石头和土地之间的空隙中，钻了出来，发芽、生长。三味书屋里的孩子们，便用这样一些游戏来排除

① 见刘翰《清嘉集初稿》：《李克用置酒三垂岗赋》。原文"铁如意"为"玉如意"。

寂寞，发展自己的智力和身体。

惩治"矮癞胡"

在百草园往东，隔两三家，也有一家大台门，姓王，叫"广思堂王宅"。这家台门也破落了，大厅烧得只剩了一片空地。在宅子里的偏西厢房里，也有一家私塾，先生姓王，绰号叫"矮癞胡"。听这名儿，就知道他不是个好东西。

这"矮癞胡"惩治学生特别厉害。比如打手心，在三味书屋，要是有谁到后园折了梅树枝去捅蝉蜕，或者犯了别的学规，寿老先生要打他的手心了，无非是让学生伸出手来，他拿起戒尺轻轻拍几下，再换一只手，又轻轻地拍几下，就算了，不过表示个惩罚的意思罢了。可是，"矮癞胡"打起学生的手心来，可不这样，他让学生把手搁在桌子角上顶着，他再用戒尺狠劲地打。上打下顶，学生疼痛难当。

现在，他更兴起了新名堂，学生要去小便，得上他那里去领一根竹子做的"撒尿签"，真是把学生当囚徒了。

三味书屋的学生们听到这消息，都很气愤。大家认为，这是侮辱了学生的人格，绝不能容忍，要惩治一下这个矮子鬼。

一天中午，鲁迅和几个同学约好，攻击王家学堂。

战斗由同学章翔耀指挥。在他率领下，几个学生一齐冲进了"矮癞胡"的书房。可是他不在，学生们也放学走了。勇士们便把桌子上的"撒尿签"拿来，撅断了，扔在地上。

桌上还放着"矮癞胡"给学生圈点作业用的砵墨砚，章翔耀说："给他掀了！"

一个手快的同学，立时上去把砵墨砚扔到地上，又把笔呀，墨呀，撒了一地。

事后，"矮癞胡"当然知道这次是谁给了他以打击；可是，他并没敢向三味书屋告发。

隐鼠之死

鲁迅得到了一只小老鼠。它只有大拇指那么一丁点儿大，在地上蠕蠕地移动，一会儿跑、一会儿蹲，一会儿东、一会儿西，又小巧又伶俐。绍兴人管这种小鼠叫隐鼠。鲁迅十分喜爱这只隐鼠。

他记得，父亲说过，中国有一种小猴子，名叫墨猴，也只有拇指那么大，很是伶俐可爱。墨猴平时总躲在笔筒里睡觉。听到主人研墨，就跳出来，等着，等人写完字，就过去舔净砚台里的余墨，然后，又跳回笔筒里去。多么玲珑可爱，多么乖巧的小墨猴啊，又多么想得到一只呀。可是，哪儿有墨猴呢？从哪儿能买到呢？谁也说不上来。好啦，现在有了小隐鼠，虽然不如墨猴那么好，可也够有趣的。你看，它在地上爬着、爬着，爬到人前时，它便爬上脚背、缘腿爬上膝盖，蹲在上面，休息、玩耍，四下里瞧，……

这个小隐鼠，给鲁迅的寂寞的生活增添了生气和愉快，满足了他那喜爱幼小动物的儿童天性。

这样过了好些日子。有一天，鲁迅似乎好几天没有见到隐鼠，他觉得生活中好像少了什么东西。看桌上，没有；床上，也没有；床底下，还是没有。可爱的小隐鼠，你在哪里？他失掉了心爱的东西，寂寞好像小虫似的又悄悄爬上他的心头，啃啮他幼小的心灵。可爱的隐鼠，你在哪里？

"隐鼠，叫猫吃掉啦！"

长妈妈这样告诉他。

是吗？是猫！这可恶的东西。它竟吃了我所珍爱的东西，使我心里又感觉到空虚。我要用报仇的恶念来充填这空虚！

于是，他见猫就追赶，袭击，鞭打，使它"喵喵"地嚎叫着，狼狈地逃跑了。

这样过了好长时间，鲁迅却得到一个准确的消息：隐鼠是叫长妈妈一脚踏死了。原来，那天小隐鼠淘气，爬上了长妈妈的脚，还想缘她的腿爬上去，长妈妈害怕了，立刻把它拨下地去，踩上一脚。隐鼠就这样离开了人间。

鲁迅便把对猫的怨恨，移到长妈妈身上了。

"阿长！"他这样叫她，而不叫她长妈妈。

有好几天，他都这样叫长妈妈，直到逐渐淡忘了隐鼠的死。

"老牛落水哉"

一个夏季的闷热天。

忽然听到外面人声嘈杂。鲁迅跑出屋子，只见明爷爷被几个人抬回家来。他鼻青脸肿，身上也有伤痕。人们把他送到屋里，放在床上。他哼哼着，发出可怕的凄楚的响声。

不一会儿，他就死去了。……

明爷爷在家学里实在混不下去，书房就散伙了。他只好到外面一个破庙里去开馆——办一个私塾。他自己也住在那庙里。

他的神经渐渐错乱了。有一天夜里，他忽然怨恨自己的不中用，哀叹自己的悲惨生活，哭诉着，又不住地掌自己的嘴巴。自从得了这个病以后，常常犯病，一来就是自己掌嘴，在墙上磕头，不住地说："不肖子孙！不肖子孙！"

第二天看见他时，样子很可怕，也很可怜：他的脑壳磕破了，又青又肿。他的眼睛无神地、呆呆地望着前面，整个脸上是一副神不守舍的神情。他已经完全疯了。

这天，他的病大发作。

起先，也是不住地哀叹，掌嘴，呼叫着："不肖子孙！呵——"

他拿起剪刀，向喉头刺去。喉管刺破了，鲜血滴淌在胸前。他又用剪刀在胸前戳，扎了五六个小孔，浑身血淋淋。但他没有死。他又把纸浸上煤油，点着火，自己趴在上面烧，也还是没有死。他跳起来，冲出门去。看见他那副可怕的狂人的模样，谁也不敢近前，更不敢阻拦。

他跑上跨过咸欢河的小桥。站立一会儿，猛地跳下去，扑进水中，嘴里喊着：

"老牛落水哉！老牛落水哉！"

人们赶来，把他从水中捞起，他已经奄奄一息了。人们把他送回了家。

一个没落世家的读书人，就这样悲惨地死去了。他早已是这个社会的溃疡面上的一个小脓包，终于溃破了，毁灭了。

他的死，给鲁迅留下了深刻的印象。这是什么样的家族，一些什么样的人啊。它溃烂了，堕落了。

家庭变故

家庭发生了一场变故，一场大变故——祖父入狱了。

事情要从太祖母的逝世谈起。

1893年，太祖母，也就是祖父的母亲去世了。那时，祖父正在北京做官。按照封建社会孝道礼节的规定，秋天，祖父回到家里来服丧，这叫"丁忧"。

正赶上这年举行科举考试的乡试，祖父为了给几个亲戚家的子弟通关节——就是今天所说的"走后门"吧，被上面来的人发觉了，他自己知道免不了办罪，就去官府自首。以后，竟判了死刑，经过送钱说人情才改判了"斩监候"，就是判死刑，只等秋天这个封建社会专门杀人的季节时执行。

听大人说，也怪祖父太耿直，在官场得罪了人，被人趁机害了，所以判得这么重。

一人犯罪，株连家族，这是封建法律所规定的。家里人只得出走避难。

父亲他们还要忙着营救祖父。家里的田产和房屋被出卖了，钱拿去托人帮忙解救祖父。

家庭在精神上和物质上都遭到严重的打击。

"乞食者"

鲁迅兄弟被送到外婆家来避难。这时，外祖父已经去世了，外婆和大舅父住在一起。鲁迅兄弟也就寄食在大舅父家了。

大舅父已经从安桥头搬到皇浦庄来住了。大舅父家有楼房两间。大舅父自己住在前房里。他抽鸦片烟，平常不大出门，也不大下床，就在屋里的矮桌上吃饭。

这样的家庭里，自然不会过得愉快，何况又是来躲难，同往年到外婆家来串门做客大不一样了。

这天下午，鲁迅又拿出一本绣像小说来影画。表哥佩绅坐在他的旁边。

他画得很认真，一笔不苟。

这是他在这种心烦的、沉闷的避难生活中，唯一愉快的事情。只有在这种时候，他才忘记了别的。

他画完一篇，就递给表哥。佩绅接过去，认真地看看，称赞一番，便提起笔来题词。他的字写得不错。

他们就这样一个画，一个写字，一块儿工作了很长时间。暮色渐渐笼罩上来，屋里光线暗淡。他们停止了工作。鲁迅觉得烦闷，便走出屋，走过庭院，在沿着小河的路上溜达。这里不如安桥头好，人也没有那么熟识。他望着秋天的田野，一片荒凉。几只空船，靠在小河边，倒影映在河水中，随着波纹的折皱而震颤。河边的垂柳，脱落了树叶，摇动着倒垂的、黄叶稀疏的枝条。枯叶在河水上随波漂荡。

他心里觉得空荡。人生的哀愁，第一次袭击他幼小的心灵。

不愿再看这肃杀秋天的景象，便沮丧地往回走。

走到靠近大舅父家的时候，他听见背后的议论：

"这是鲁家的大外孙吧？"

"是啦，是城里新台门周家的。"

"在舅舅家吃闲饭，——躲难来了。"

这些话，像刀子一样刺伤了他的心。

他更加闷闷不乐地、痛苦地回到大舅父家。

到第二年春天，大舅父家又搬到小皋埠住，鲁迅他们也随着去了。在这里，他又听到在皇浦庄听到过的议论。

他决定走。于是，他回到家里。

父亲的病和逝世

家境一天一天困难了。每年秋天，一传来祖父要被处决的消息，就要变卖一批田地、物产，汇到京城去送礼托人，把事情平息一下。父亲因为忧伤和焦虑，脾气变得坏起来，而且得了病。家庭就这样突然地衰落了。

押　田

这天，父亲在厅堂里会客。屋子里静悄悄的，大家都不言语，大人们的脸上挂着忧戚。两个客人中，鲁迅认得，一个是堂伯父周慰农；另一个，他不认识，只听人们称他高先生。

周慰农说："我看，就这么议定，五亩田，押借二百元大洋，月利一分二，按月支送。高先生，你看……"

"好咯，好咯，"姓高的说，"那就立字据好啦。"

于是，鲁迅上前帮着摆上了纸、笔、砚，由周慰农写好了字据，递过来给鲁迅的父亲画押。鲁迅见上面写着：

"今将己户拱字印契一纸内载坐落廿亩头田伍亩整……向高姓押英洋贰佰元整……"

后面写着"立票人　周伯宜"。

只见父亲看着这最后一行字，提起了笔，手颤抖着，在自己的名字下面，写了一个"押"字，而且把最后一笔就势画了一个圈，把押字圈上了。

家庭就这样一天一天没落下去。

庸医害人

父亲的病还是不见好，水肿越来越严重了。

每天，父亲只是默默地坐着，躺着。

这天，给父亲治病的先生又来了。他隔日来一次，已经快一年了。

鲁迅出来接待。作为长子，他小小年纪，就承担起家务的担子，替父母分担忧愁了。

医生给父亲诊了脉，没有说什么，开了一张药方。他接过递给他的一元四角诊金，匆匆走了。

鲁迅看了看药方，特别注意用的什么药引。这位名医，好用特别的药引，都是挺费事才能弄到的。比如，"芦根"，就要到河边去挖。这次药方上写的是：

"经霜三年的甘蔗。"

甘蔗是好弄到的，可是要经霜三年的，可就难了。到哪儿找去呢？

鲁迅正在沉思默想，母亲从屋里出来，把一件皮袄递给他。他两手接过来，默默地把药方掖进长袍的口袋里，抱着皮袄走出大门去。

他走到东咸欢河沿，远远看见一个大招牌，上面写着"恒济当"。

他跨过高高的门栏，走到柜台前。那柜台比所有商店的柜台都高。鲁迅站在那里，只有它的一半高。他两手捧起皮袄，高高举起，仰头看着上面。当铺的一个伙计，露出一个脑袋，脸色冷冷地，瞅了瞅，伸手接过了皮袄。过一会儿，他又冷冷地伸出手来，手里捏着当票和银洋。鲁迅踮起脚，仰起头，接了过来。

他心里觉得沉重，因为忍受屈辱而充满愤恨。他迈步走出当铺，沿着咸欢河向药铺走去。

咸欢河上，小船来来往往，有的钻过石拱

桥，向远处划去；有的停泊在店铺前，从船上走下人来，登岸去到商店里。鲁迅只是默默地走着。

他来到药铺，门上挂着横匾"光裕堂"。这里的柜台比较矮，只有当铺的一半高。他静默地站在那里，等候伙计把药一味一味地拣好、包上。他接过药包，迈着沉重的步子，回到家里。把药交给母亲，他便寻找经霜三年的甘蔗去了。

日子一天天过去，父亲的病势和家庭困难与忧愁，一同加重起来。父亲的水肿越来越重，他已经差不多不能起床了。鲁迅对于这个大夫失去了信任。他能把父亲的病治好吗？

正在这个时候，有一天，大夫来了，问过病情以后，沉吟半晌，说："我所有的学问，都用尽了。这里还有一位陈莲河①先生，本领比我高。我荐他来看一看，我可以写一封信，可是，病是不要紧的，不过经他的手，可以格外好得快……。"

他说着，站起来走了。鲁迅恭敬地跟随在后面，陪送到门口，看他上了轿，才回屋。

他回到屋里，大家都沉默不语。母亲的脸上布满了忧愁。父亲躺在床上，脸色很不好。他看了看屋里的人，慢慢地说：

"我的病，怕是好不了。"

父亲的声音轻细，似乎有些颤抖。

大家的心都铅似的沉重。

父亲接着说："他治了两年，也不见好，他觉得难为情，想要脱手，就推给别的先生了。"

"也不能这么说，"母亲说，"医有医缘……。"

"城里头，"父亲打断了母亲的话，"除了他，也就数陈莲河了。"

于是，还是决定明天去请陈莲河。

第二天，陈莲河很气派地来到了。他是长圆脸，和前一个大夫的胖圆脸很不相同。

他看过了病，简单问一问，便开了药方。

鲁迅习惯地看看他用的药引，只见上面写着"蟋蟀一对"。这倒不

---

① 给鲁迅父亲治病的大夫，最先是一个姓冯的中医，以后又有姚仙芝和何莲臣。他们都是当时绍兴城里的所谓名医。这里依鲁迅《朝花夕拾》所写，用了"陈莲河"这个化名。

难，鲁迅心里想。但是，旁边又注了一行小字："要原配，即原在一窠中者。"

鲁迅跑进百草园，走到矮墙根前，翻开一块石头，从草丛中立刻蹦蹦跳跳地跳出许多蟋蟀，这当然是"原在一窠者"，鲁迅捉了一对，拿回屋里。

这次的药引倒也没费多大的事。可是，第二回却不一样了，先生开出的是"平地木十株"。平地木是什么东西呢？

到药店去买，伙计说没有；问是什么东西，他摇摇头说："弗晓得！"

问乡下人，他们说："弗晓得！"

问卖草药的，问木匠，问读书人，问老年人，都一样地摇摇头说："弗晓得！"

真是急煞人！

这天，鲁迅来到兰爷爷家。他想，兰爷爷爱种花木，知道得多，问问他看。果然，一问，他就说："那是在山里头大树下面长的一种小树，能结红红的籽，好像珊瑚珠似的，人们都管它叫'老弗大'。"

总算找到了！

然而，原配的蟋蟀也用了，平地木也找到了，用过了，父亲的病只是不见好。

陈莲河想出用一种药丸，名叫"败鼓皮丸"，就是用打破了的旧鼓皮做的药丸。据说，水肿又叫"鼓胀"，一用这打破了的鼓皮做的药丸，自然就打破鼓胀了。然而还是不见效。

陈莲河又说："我有一种丹，点在舌尖上，我想一定可以见效，因为舌乃心之灵苗……价钱也并不贵，只两块钱一盒……。"

什么"心之灵苗"，这不是讲医道，而是讲玄学了。

父亲沉思了一会儿，摇摇头。

又过了些时候，父亲的病仍不见好，陈莲河又说："我这样用药，还会不大见效，我想，可以请人看一看，可有什么冤愆①……。医能医病，不能医命，对不对？自然，这也许是前世的事。"

这已经不是讲医道，而是讲鬼道、讲迷信、讲命运了。

父亲沉思了一会儿，摇摇头。

---

① 愆，音qiān（牵），过失。

只是继续服用那个败鼓皮丸。

十天，半个月，一个月，一百天过去了，父亲的病仍不见好，而且日见沉重了。水肿没有打破，肚子却越鼓越大，身体越来越瘦。父亲躺在床上，艰难地喘气。

怕要不好了。赶紧去请陈莲河。他来了，若无其事地开了一张药方。这回是特挂出诊，诊金大洋十元。

药抓来了，煎好了，喂给父亲吃，但愿有起死回生之效。

然而，药刚喂进嘴里，便立即从嘴角淌了出来，父亲只是费力地喘气。

住在一门里的衍太太进来了。看见这情形，她命令道：

"你们别空等着，给他换衣裳呀！"

大家照办了。

"叫呀，你父亲快断气了。快叫呀！"衍太太说。

"爹爹！爹爹！"

"大声！他听不见，还不快叫?！"

"爹爹！爹爹！"

父亲已经平静下去的脸，忽然又紧张了，眼睛微微地睁开了，看上去有些痛苦。

"什么呢？……不要嚷。不……"低低的、微弱的声音，说了几个字，又急急地喘气。好一会儿，才渐渐平静下去，停止了喘气。

父亲就这样离开了他的孩子们，离开了人间。

从父亲得病，到父亲去世，已经三年多了。这是痛苦的三年，焦急和忧愁的三年。在这三年里头，鲁迅奉陪、侍候了两位绍兴的"名医"。昂贵的诊金，奇怪的药，难弄到的药引，全都没有用。父亲是死于庸医之手。

在三年里头，经历了多少令人痛苦而愤慨的事情。白眼，冷遇，借债，典当，愁没有钱，愁父亲的病，愁母亲的忧伤……他似乎更懂得了一些人生、社会。他感受到了封建阶级的冷酷、虚伪、欺诈。他开始窥见封建社会的黑暗与腐朽。

"我的祖父是做官的，到父亲才穷下来，所以我其实是'破落户子弟'，不过我很感谢我父亲的穷下来（他不会赚钱），使我因此明白了许多事情。"①

这一年，鲁迅16岁。

他向少年时代告别，跨进青年时代。

迎接他的将是什么呢？

第五章 寻求别样的人们去！

流 言

祖父下狱，父亲久病和死去，这给了鲁迅很大的刺激。家庭的没落，人世的辛苦，人情的冷暖，也都使他的思想感情上起了大的变化。

已经不大和孩子们在一起玩耍了。他有时到衍太太家去闲谈，散散闷。

有一次，鲁迅在衍太太屋里坐下后，愁闷地说：家里因为父亲治病，给祖父托人情，田产卖光了，很是缺钱。

衍太太说："母亲的钱，你拿来用就是了，还不就是你的吗？"

"母亲也没有钱。"

"母亲的首饰不就是钱？拿去卖嘛！"

"母亲也没有首饰。"

"也许你没有留心。到大厨的抽屉里，角角落落去寻去，总可以寻出一点珠子这类东西……。"

鲁迅惊异地看了看衍太太，不吱声。他觉得这很不中听。他站起来走了。

从此，他便不再到衍太太家里去了。

过了不到一个月，流言传开了，说鲁迅偷了他妈妈的首饰拿去卖了。

他好像掉在冰窖里！他知道这流言是从哪里来的。他本是问心无愧的。但是，他却怕见人的眼睛，怕受到母亲的爱抚。

这流言深深刺伤了他的心！

他由此联想到许多事情，发生在新台门及绍兴城的许多事情：兰爷爷的孤寂，明爷爷的死，当铺里伙计的冷眼，衍太太的虚伪，皇浦庄人的议论。所有这些，使他觉得心上有一种重压。他厌恶这个台门里的家

① 见《鲁迅书简·致萧军（1935）》。

族。他觉得绍兴城的人——官僚、地主、绅商、破落户子弟，他们的脸早已经看熟了，连他们的心肝也看透了。他厌恶和痛恨他们。

"有谁从小康人家而坠入困顿的么，我以为在这途路中，大概可以看见世人的真面目。"①他决心离开绍兴，去寻找别样的人们。

走上征途

绍兴没落大户的子弟，一般都走两条路：一条是去到官府当幕僚②；一条是当商人、做买卖。这两条路鲁迅都不愿意走。

这时候，正是维新运动开展的时候，已经开办了不少洋学堂，绍兴也有一座叫"中西学堂"。但遭到封建守旧人物的咒骂，说是只有把灵魂卖给了洋鬼子的人，才会上这种学堂。鲁迅并不惧怕这些非议，但是，却不愿意上这个"中西学堂"，因为它办得并不好。

办得好的洋学堂，在杭州。但要学费，他缴不起。不要学费的学堂，南京有。

他决定到南京去。走异路，逃异地，去寻求别样的人们，无论其为人或鬼。他抱着和封建古城绍兴决裂的决心出走，去走一条新的路。

母亲拿出八元钱给他做路费。这是尽了很大努力才筹借到的。

母亲哀伤地哭泣了。她不忍与儿子离别。

但鲁迅去意已决。他接过母亲的钱，毅然地走出了新台门。

---

①　见《呐喊·自序》。

②　军政官僚府署里的参谋、书记员之类的僚属。

这是公元1898年。鲁迅已经18岁了。

他像一只年轻的、矫健的雄鹰，展翅飞向新天地。

迎接他的将是新的风雨与波浪，新的希望与失望。

然而他以不断的战斗迎接这一切。

他将在不断的战斗中，前进！

1979年8月